O ABUSO DO PODER NO DIREITO ELEITORAL

UMA NECESSÁRIA REVISITAÇÃO AO INSTITUTO

ANNA PAULA OLIVEIRA MENDES

Prefácio
Vânia Siciliano Aieta

O ABUSO DO PODER
NO DIREITO ELEITORAL
UMA NECESSÁRIA REVISITAÇÃO
AO INSTITUTO

1ª reimpressão

Belo Horizonte

FÓRUM
CONHECIMENTO JURÍDICO
2022

© 2022 Editora Fórum Ltda.
2022 1ª Reimpressão

É proibida a reprodução total ou parcial desta obra, por qualquer meio eletrônico, inclusive por processos xerográficos, sem autorização expressa do Editor.

Conselho Editorial

Adilson Abreu Dallari
Alécia Paolucci Nogueira Bicalho
Alexandre Coutinho Pagliarini
André Ramos Tavares
Carlos Ayres Britto
Carlos Mário da Silva Velloso
Cármen Lúcia Antunes Rocha
Cesar Augusto Guimarães Pereira
Clovis Beznos
Cristiana Fortini
Dinorá Adelaide Musetti Grotti
Diogo de Figueiredo Moreira Neto (*in memoriam*)
Egon Bockmann Moreira
Emerson Gabardo
Fabrício Motta
Fernando Rossi
Flávio Henrique Unes Pereira

Floriano de Azevedo Marques Neto
Gustavo Justino de Oliveira
Inês Virgínia Prado Soares
Jorge Ulisses Jacoby Fernandes
Juarez Freitas
Luciano Ferraz
Lúcio Delfino
Marcia Carla Pereira Ribeiro
Márcio Cammarosano
Marcos Ehrhardt Jr.
Maria Sylvia Zanella Di Pietro
Ney José de Freitas
Oswaldo Othon de Pontes Saraiva Filho
Paulo Modesto
Romeu Felipe Bacellar Filho
Sérgio Guerra
Walber de Moura Agra

FÓRUM
CONHECIMENTO JURÍDICO

Luís Cláudio Rodrigues Ferreira
Presidente e Editor

Coordenação editorial: Leonardo Eustáquio Siqueira Araújo
Aline Sobreira de Oliveira

Rua Paulo Ribeiro Bastos, 211 – Jardim Atlântico – CEP 31710-430
Belo Horizonte – Minas Gerais – Tel.: (31) 2121.4900
www.editoraforum.com.br – editoraforum@editoraforum.com.br

Técnica. Empenho. Zelo. Esses foram alguns dos cuidados aplicados na edição desta obra. No entanto, podem ocorrer erros de impressão, digitação ou mesmo restar alguma dúvida conceitual. Caso se constate algo assim, solicitamos a gentileza de nos comunicar através do *e-mail* editorial@editoraforum.com.br para que possamos esclarecer, no que couber. A sua contribuição é muito importante para mantermos a excelência editorial. A Editora Fórum agradece a sua contribuição.

Dados Internacionais de Catalogação na Publicação (CIP) de acordo com ISBD

M538a	Mendes, Anna Paula Oliveira
	O abuso do poder no direito eleitoral: uma necessária revisitação ao instituto / Anna Paula Oliveira Mendes. 1. Reimpressão. - Belo Horizonte : Fórum, 2022.
	137 p. ; 14,5cm x 21,5cm.
	Inclui bibliografia.
	ISBN: 978-65-5518-298-9
	1. Direito Eleitoral. 2. Direito Constitucional. 3.Ciência Política. I. Título.
	CDD 341.28
2021-3957	CDU 342.8

Elaborado por Odilio Hilario Moreira Junior - CRB-8/9949

Informação bibliográfica deste livro, conforme a NBR 6023:2018 da Associação Brasileira de Normas Técnicas (ABNT):

MENDES, Anna Paula Oliveira. *O abuso do poder no direito eleitoral*: uma necessária revisitação ao instituto. 1. Reimpr. Belo Horizonte: Fórum, 2022. 137 p. ISBN 978-65-5518-298-9.

Este livro é dedicado às minhas irmãs Carol e Beca – como uma prova de que os nossos sonhos de menina se tornam realidade.

AGRADECIMENTOS

O presente livro é fruto da minha dissertação do mestrado na linha de Direito da Cidade da Universidade do Estado do Rio de Janeiro. Conciliar os estudos do mestrado, ao longo de dois anos, com o trabalho e, ao final, ter que escrever uma dissertação não foi tarefa fácil. Por muitas vezes, cheguei a pensar que não conseguiria. Se não fosse pelas pessoas que aqui agradecerei, a tarefa seria, de fato, impossível. Assim, esses agradecimentos não são apenas uma parte desse trabalho, mas são a razão pela qual ele existe.

Em primeiro lugar, como em tudo que faço, gostaria de agradecer a Deus que, em sua infinita misericórdia, deu-me a vida, sustentou-me mesmo nos dias mais nublados, presenteou-me com os dias de alegria e me concedeu infinitas graças e livramentos.

Aos meus pais, Ronaldo e Alcineia, por todo o esforço para que eu me tornasse quem sou hoje. Meu pai, que não teve a oportunidade de sentar no banco de uma universidade, sempre fez o possível e o impossível para que eu entendesse o valor da educação formal. O seu incentivo e entusiasmo com a minha formação me moverão durante todos os dias da minha vida. Minha mãe, meu primeiro exemplo de que a mulher pode ocupar todos os lugares que quiser na sociedade, e a quem eu devo quase tudo, agradeço especialmente por me ensinar a importância dos estudos, mas também da leveza das alegrias diárias e da busca incessante pela nossa felicidade. Eu amo muito vocês.

Agradeço às minhas irmãzinhas Anna Carolina e Rebeca pela alegria que me trazem todos os dias, sem a qual nada faria sentido. Eu amo vocês infinitamente e tenho muita sorte em tê-las como irmãs.

À minha professora orientadora Vânia Siciliano Aieta, minha grande amiga, minha mentora, cuja importância em minha vida é maior do que ela imagina, a quem eu talvez nunca seja capaz de agradecer por tanto. A professora Vânia é um exemplo de generosidade difícil de se encontrar no meio acadêmico. O presente trabalho foi incrivelmente conduzido por ela, que está presente em todos os meus pensamentos sobre o direito eleitoral.

Agradeço também a todos os professores da linha do mestrado de Direito da Cidade. Foram dois anos de uma deliciosa convivência e de muito aprendizado. Agradeço ainda aos professores que compuseram a banca de defesa de minha dissertação, Prof. Dr. Gustavo Silveira Siqueira e Prof. Dr. Marcelo Weick Pogliese, pela leitura e comentários atentos ao meu trabalho.

Agradeço aos meus queridos amigos e amigas, a quem temo nomear e praticar qualquer injustiça, por serem essenciais em minha vida, por entenderem as ausências e sempre torcerem por mim.

Por fim, agradeço ao Daniel, meu marido, companheiro e melhor amigo, por tudo que é para mim – desde sempre e para sempre. Muito obrigada, amor, por me encorajar tanto para concluir este trabalho e todos os meus projetos, acadêmicos ou não. Eu o amo e estou animada pelo resto das nossas vidas.

SUMÁRIO

PREFÁCIO
Vânia Siciliano Aieta..11

NOTA DA AUTORA 13

INTRODUÇÃO..15

1   DIREITO ELEITORAL, PODER E ABUSO................................21
1.1   O abuso do poder na dogmática eleitoral 23
1.2   O princípio da legitimidade das eleições 24
1.3   O princípio da gravidade da conduta 27
1.4   O princípio da impersonalidade...30
1.4.1   O princípio da impersonalidade e a inelegibilidade 31

2   O ABUSO DO PODER ECONÔMICO..33
2.1   A busca pelo barateamento das campanhas eleitorais........................34
2.2   Uma releitura do abuso do poder econômico: impossibilidade de configuração diante de gastos com meios lícitos de campanha 38
2.3   O abuso do poder econômico no período pré-eleitoral.......................40

3   O ABUSO DO PODER POLÍTICO...43
3.1   O abuso do poder político e as condutas vedadas aos agentes públicos em campanhas eleitorais..44
3.1.1   A imposição da sanção de cassação de registro e diploma nas condutas vedadas 46
3.1.2   A gravidade como juízo necessário para a aplicação das sanções de cassação de registro e diploma no caso das condutas vedadas aos agentes públicos em campanhas eleitorais: o microssistema do abuso do poder 48
3.2   A proposta de um novo conceito de autoridade para fins de abuso do poder 51

| 3.2.1 | O caso do cacique da aldeia indígena: Recurso Especial 287-84.2012 ....52 |

3.2.1 O caso do cacique da aldeia indígena: Recurso Especial 287-84.2012 52

3.2.1.1 O cacique indígena como sujeito do abuso do poder de político ou de autoridade numa perspectiva do multiculturalismo 54

3.2.2 O Recurso Ordinário 26530/RO: O "abuso do poder religioso" e o conceito de autoridade 56

3.2.3 O Recurso Especial Eleitoral 8285/GO e a rejeição da tese do "abuso do poder de autoridade religiosa" 59

3.2.4 Considerações acerca de uma leitura ampliativa do conceito de autoridade para fins de abuso do poder 61

4 O ABUSO DO PODER MIDIÁTICO 67

4.1 O abuso do poder no rádio e na televisão 69

4.2 O abuso do poder na imprensa escrita 74

4.3 O abuso do poder na internet 77

5 O ABUSO DO PODER NAS CAMPANHAS ELEITORAIS: ENTRE O POLIMORFISMO E O GARANTISMO 83

6 O ABUSO DO PODER RELIGIOSO 91

6.1 Os bens jurídicos em jogo: "liberdade religiosa" *vs* "laicidade estatal" e "legitimidade do pleito" 98

6.2 A tese do abuso do poder econômico praticado pelos líderes religiosos e a vedação à veiculação de propaganda eleitoral em "bens de uso comum do povo" 102

6.3 A desejável coibição ao abuso do poder religioso 106

7 O ABUSO DO TRATAMENTO DE DADOS (*BIG DATA*), DOS ALGORITMOS E DAS *FAKE NEWS* NAS CAMPANHAS ELEITORAIS 111

7.1 Os bens jurídicos em jogo: "liberdade de expressão" e "liberdade de informação" *vs* "liberdade do voto" e "legitimidade das eleições" 116

7.2 O abuso do poder midiático em razão da divulgação de *fake news,* do uso indevido de dados pessoais e dos algoritmos 124

CONCLUSÃO 131

REFERÊNCIAS 135

PREFÁCIO

Apraz-me prefaciar a importante obra *O abuso do poder no direito eleitoral: uma necessária revisitação ao instituto*, da Professora Anna Paula de Oliveira Mendes, em razão da superlativa importância do tema escolhido, assim como pela autora, brilhante advogada e estudiosa da matéria eleitoral, cuja leitura muitíssimo apreciei.

Trata-se de um trabalho com enfoque ultra singular e instigante, que agita reflexões essenciais sobre o instituto do abuso do poder nas campanhas eleitorais, demonstrando que o instituto, sob o fundamento de proteger a legitimidade do pleito, muitas vezes acaba por subvertê--la, por desrespeitar a vontade da maioria e provocar a cassação de mandatos diante de fatos que não impactaram as eleições.

A grandeza do trabalho está no enfrentamento corajoso de alguns movimentos hodiernos de criminalização excessiva de condutas, que intencionam criar "tipos normativos" que o legislador não criou.

Entendeu-se que tais formas, *a menos que se trate de uma nova roupagem das formas típicas*, não podem ser coibidas pela via jurisdicional, uma vez que representam acentuada violação aos direitos políticos fundamentais, subespécie dos direitos humanos, de modo que necessitam de previsão em lei para que sejam objeto de punição dessa envergadura.

Sobre a autora, conheci-a quando era minha brilhante aluna na graduação da Faculdade de Direito da UERJ, tornando-se minha amiga querida e orientanda de monografia. Posteriormente, ingressou, por concurso, no Programa de Pós-Graduação da Faculdade de Direito da UERJ, notadamente no Mestrado em Direito da Cidade, onde tive a honra de ser novamente sua orientadora neste brilhante trabalho, que hoje transforma-se em livro.

Conquistou, com brilhantismo, o título de mestre com a aprovação unânime da dissertação intitulada "O abuso do poder no direito eleitoral: uma necessária revisitação ao instituto". A vocação pelo pensamento acadêmico crítico e criativo fez com que Anna Paula acumulasse a ambiguidade de livre pensadora do direito com a função de exímia advogada, o que nem sempre é fácil de conciliar.

Em sua trajetória advocatícia, de merecido êxito, tive a alegria e o privilégio de tê-la por muitas eleições como colega de trabalho. De todos esses encontros e reencontros, no meio acadêmico e profissional da advocacia, recolhi sobre a querida aluna e sempre amiga Anna Paula o sentimento da admiração e da profunda amizade, o que se solidificou com os anos de convívio que se seguiram.

Por tudo isso, prefaciar seu livro muito me honra e desvanece.

Vânia Siciliano Aieta

Advogada especializada em Direito Eleitoral.
Doutora em Direito Constitucional pela PUC-SP
com pós-doutorado pela Universidade de Santiago
de Compostela. Professora do PPGD da Faculdade
de Direito da UERJ.

NOTA DA AUTORA

A atualização e conclusão do conteúdo para a publicação da presente obra se deu até 20 de julho de 2021.

INTRODUÇÃO

O Brasil se declara um Estado Democrático de Direito, no qual todo o poder emana do povo, que o exerce diretamente, por meio dos mecanismos de democracia participativa, ou indiretamente, por meio de seus representantes eleitos. Assim, o processo eleitoral, por meio do qual os representantes do povo são escolhidos, é fundamental ao bom exercício da democracia brasileira.

Desse modo, é acertada e louvável a preocupação, exteriorizada em diversos dispositivos normativos, com a lisura e a normalidade das eleições. A história recente do país, permeada por diversos episódios de fraude à vontade popular e aos pleitos, recomenda tamanha prudência.

A literatura aponta que inexistiram verdadeiras eleições até 1933. No Império, as eleições eram fabricadas nos gabinetes do governo, de modo que a violência, o suborno e a pressão garantiam a vitória do candidato apoiado pelo poder público.[1]

No início da República, vieram as eleições a "bico de pena". Caso algum candidato da oposição vencesse, esse era "degolado", isto é, não reconhecido, pelo sistema de verificação de poderes. O reconhecimento, praticado pela Comissão Verificadora dos Poderes, consistia em um "terceiro escrutínio", e as eleições a bico de pena se davam justamente pela adulteração das atas. As fraudes eram a marca das eleições na Primeira República, e a participação popular, mínima e desvirtuada.[2]

---

[1] SALGADO, Eneida Desiree. *Princípios constitucionais estruturantes do direito eleitoral.* Paraná: UFPR, 2010. 356 f. Tese (Doutorado) – Programa de Pós-Graduação em Direito, Universidade Federal do Paraná, Paraná, 2010. p.123.

[2] *Ibidem.*

Com a criação da Justiça Eleitoral, em 1932, o cenário de fraude absoluta começou, paulatinamente, a ser freado. O alistamento começou a ser feito por juízes eleitorais, e o título de eleitor passou a exibir a foto do alistado, para evitar fraude no seu reconhecimento pela mesa receptora.

Em 1955, mesmo com a adoção da cédula oficial, confeccionada e distribuída pela Justiça Eleitoral, as fraudes continuaram, por meio do "mapismo", que consistia na alteração dos votos brancos e nulos pelos escrutinadores para beneficiar determinado candidato.[3]

Nas eleições estaduais do Rio de Janeiro, de 1982, ocorreu tamanha inconsistência no escrutínio para os cargos de deputado, que o pleito foi repetido. A partir daí, a Justiça Eleitoral começou a se preocupar com a informatização. O sistema eletrônico começou a ser adotado em 1966 e passou a ser o único em todo o país nas eleições de 2000. Com ele, foram reduzidas as denúncias sobre fraude na contagem dos votos.

De todo modo, não é apenas a fraude na contagem final dos votos que macula o resultado eleitoral. Os vícios na formação da vontade do eleitor, por meio de ameaças, coações ou recompensas, são gravíssimos à autenticidade eleitoral.

Atualmente, o Brasil não mais vive a realidade do início da República, em que predominava o "voto do cabresto" por meio da compra de votos, troca de favores e violência perpetrada pelos coronéis. Entretanto, a cada novo pleito, a justiça eleitoral é abarrotada de ações para apurar a captação ilícita de sufrágio, a malversação da máquina pública em benefício de candidatos e também as coações de toda sorte em dias de eleição.

São inúmeros os casos de abuso do poder econômico, "caixa 2", perseguições políticas, manipulação da opinião pública, crime eleitoral de boca de urna – que ao menos tem o potencial de garantir o voto daquele que está panfletando em troca de alguns poucos reais –, entre outros. São muitas as iniciativas capazes de macular a liberdade do voto, de modo que a complexidade da realidade ainda é capaz de surpreender mesmo os mais antigos. E tudo isso é muito triste.

Outros adjetivos poderiam ser usados para definir o cenário enfrentado, ainda nos tempos atuais, de violação à legitimidade eleitoral, mas talvez o mais adequado seja este: triste. É triste que na sociedade

---

[3] *Ibdem*, p. 125.

brasileira ainda existam pessoas dispostas a vender e a comprar votos, que votos ainda sejam trocados por programas assistenciais dos entes públicos ou por empregos, e que, mesmo no cenário atual de pulverização da informação, existam grandes canais de comunicação e comunicadores cujos objetivos principais sejam deturpar e manipular a opinião pública.

Não é por outra razão, portanto, que o direito eleitoral protege a legitimidade e a normalidade das eleições das práticas de abuso do poder econômico, do poder político e dos meios de comunicação social.

Entretanto, a necessidade de se proteger a legitimidade das eleições tem resultado, em alguns casos, na própria ilegitimidade do certame e na violação da soberania popular. A justiça eleitoral tem se transformado em um verdadeiro terceiro turno e, também, no espaço em que aqueles que saem perdedores pelo crivo popular acabam por desaguar, não raramente, as suas mágoas e expectativas de "virada de mesa" por meio do ajuizamento de diversas ações de investigação judicial eleitoral para apurar práticas de abuso do poder.

O poder judiciário cassa mandatos demais. Em um estudo realizado entre os anos de 2012 e 2016, apontou-se que o país teve um prefeito retirado do cargo a cada oito dias. Assim, tem-se que, em cerca de 5% dos municípios brasileiros, os prefeitos têm sido escolhidos pela justiça eleitoral, e não pelo povo,[4] titular do poder e da soberania, como apontado na Constituição da República. E isso igualmente é um problema gravíssimo.

Esse é, portanto, o problema que o presente trabalho buscará, em alguma medida, solucionar. De um lado, temos a necessidade de resguardar a legitimidade das eleições e um arcabouço jurídico que acertadamente permite a cassação dos mandatários ilegítimos; por outro lado, temos um poder judiciário que parece desconstituir mandatos e declarar inelegibilidades sem a devida preocupação em restringir os direitos políticos fundamentais dos candidatos.

Assim, imprimir-se-á uma leitura garantista ao tema do abuso do poder. Desse modo, buscar-se-á deixar claro que a proteção ao bem jurídico da legitimidade das eleições deve sempre ser ponderada com os direitos políticos fundamentais dos candidatos – que têm o direito de

---

[4]   ALVIM, Frederico. Gravidade como parâmetro para a cassação dos mandatos: O arranjo brasileiro diante dos pressupostos axiológicos do sistema e da cena internacional. *In: Justiça Eleitoral em debate*, v. 8. n. 2. segundo semestre de 2018.

participar da vida pública – e também com os pilares da democracia e da soberania popular. Isso se dará porque toda cassação de mandato, por parte da justiça eleitoral, é essencialmente contramajoritária e, portanto, deve ser utilizada em situações excepcionais, em que se possa ao menos inferir uma violação à vontade da maioria – e com muita cautela.

No primeiro capítulo, intitulado "Direito Eleitoral, poder e abuso", abordar-se-á o abuso do poder na dogmática eleitoral, com especial ênfase aos princípios norteadores do tema, que guiarão as conclusões de todos os capítulos subsequentes. De modo especial, discorrer-se-á acerca do princípio da gravidade da conduta, que é condição indispensável e a principal baliza para a configuração de prática de abuso do poder, concluindo-se que apenas se poderá entender pela realização de práticas abusivas nas campanhas eleitorais quando se estiver diante de conduta grave a ponto de violar a legitimidade do pleito e falsear a vontade da maioria.

No capítulo 2, discorrer-se-á acerca do abuso do poder econômico – traçando-se algumas ideias sobre a crescente busca pelos barateamentos das campanhas eleitorais – e da incongruência de um modelo de propaganda ultrarregulado, no qual há muito mais proibições do que permissões, com a admissão de prática de abuso do poder econômico mesmo com gastos lícitos de campanha. Ainda, far-se-á um necessário debate acerca do abuso do poder econômico no período pré-eleitoral, tendo em vista a maior flexibilização dos atos permitidos nesse período, mas cujos gastos não foram regulamentados.

No capítulo 3, abordar-se-á o abuso do poder político em sua concepção tradicionalmente aplicada, bem como o conceito de condutas vedadas aos agentes públicos em campanhas eleitorais. Ademais, analisar-se-á a aparente tentativa da jurisprudência de ampliar o conceito de "autoridade" para fins de abuso do poder, concluindo que uma leitura extensiva do conceito de autoridade, que pretende incluir qualquer tipo de liderança social e não apenas os agentes públicos, não encontra espaço no sistema normativo brasileiro, bem como representa um ativismo judicial que afronta os direitos políticos fundamentais dos candidatos.

No capítulo 4, analisar-se-á o abuso do poder midiático expondo-se as diferenças no entendimento tradicionalmente aplicado pela doutrina e pela jurisprudência para cada meio de comunicação social, no sentido de tutelar mais os abusos nos meios de radiodifusão e aceitar uma liberdade quase absoluta no meio impresso e na internet.

Buscar-se-á problematizar esses paradigmas levando em consideração a fluidez da informação na sociedade atual e o amplo impacto que as redes sociais e a internet podem provocar no pleito.

No capítulo 5, intitulado "o abuso do poder nas campanhas eleitorais: entre o polimorfismo e o garantismo", analisar-se-á, com muita cautela, as ideias que se propagam, atualmente, no sentido de que existiriam também formas atípicas de abuso do poder nas campanhas eleitorais, isto é, que não estariam previstas em lei, mas que igualmente deveriam ser reprimidas pelas cortes eleitorais, com o fim de se proteger a legitimidade do pleito contra toda e qualquer investida injusta. Assim, concluir-se-á pela necessidade de uma leitura garantista do tema, a fim de se frear o ativismo judicial e igualmente tutelar os direitos políticos fundamentais dos candidatos, de modo a se concluir que a capacidade eleitoral passiva dos candidatos não pode ser suprimida sem lei em sentido formal – e desde que em consonância com a ordem constitucional – que assim o faça.

No capítulo 6, analisar-se-á aquilo que a doutrina eleitoral e a jurisprudência vêm chamando de "abuso do poder religioso" e se rechaçará com veemência a roupagem que o Tribunal Superior Eleitoral tem conferido à participação das igrejas no processo eleitoral. No capítulo 7, traçar-se-á algumas considerações e balizas para o que se entende por abuso no tratamento dos dados pessoais, do uso dos algoritmos e das *fake news* nas campanhas eleitorais.

DIREITO ELEITORAL, PODER E ABUSO

A ideia de um abuso de poder (ou direito) não é restrita, no ordenamento brasileiro, às campanhas eleitorais, mas perpassa diversos ramos do direito. O Código Civil brasileiro estabelece, em seu art. 187, que comete ato ilícito "o titular de um direito que, ao exercê-lo, excede manifestamente os limites impostos pelo seu fim econômico e social, pela boa-fé ou pelos bons costumes". O sujeito, assim, exerce um direito que possui, mas de modo irregular.

Desta feita, o abuso do direito, na seara cível, é entendido como um ato jurídico cujo objeto é lícito, mas cujo exercício, em razão da forma da execução, acarreta um resultado ilícito. É, portanto, um ato lícito pelo conteúdo e ilícito pelas consequências.[5]

O Código de Defesa do Consumidor igualmente traz, em seu regramento, o conceito de publicidade abusiva. É certo que, na sociedade capitalista e de mercado, as empresas têm o direito de fazer a propaganda de seus produtos, mas não podem exorbitar desse direito por meio da exploração do medo ou superstição, ou se aproveitando da deficiência de julgamento ou experiência de uma criança, por exemplo.[6]

Mesmo os direitos assegurados constitucionalmente não podem ter um uso abusivo por parte dos seus titulares. O direito de greve é assegurado a todos os trabalhadores pela Constituição de 1988, em seu

---

[5] TARTUCE, Flávio. *Manual de direito civil*; volume único. 7. ed. Rio de Janeiro: Forense, 2017. p. 505.

[6] Art. 37, Lei 8.078/90. É proibida toda publicidade enganosa ou abusiva.
§2º É abusiva, dentre outras a publicidade discriminatória de qualquer natureza, a que incite à violência, explore o medo ou a superstição, se aproveite da deficiência de julgamento e experiência da criança, desrespeita valores ambientais, ou que seja capaz de induzir o consumidor a se comportar de forma prejudicial ou perigosa à sua saúde ou segurança.

art. 9º, no qual também se prevê expressamente que os abusos cometidos sujeitarão os responsáveis às penas da lei (art. 9º, §2º, CRFB).

No direito administrativo, entende-se que o abuso do poder é gênero cujas espécies são o excesso de poder e o desvio do poder. Haverá excesso de poder sempre que o agente público exceder a competência que lhe foi conferida por lei. É o caso, por exemplo, dos policiais que utilizam força desproporcional para impedir uma manifestação pública. Por sua vez, o desvio de poder está ligado à ideia de desvio de finalidade, ocorrendo quando o agente público pretende alcançar um fim que não visa à satisfação do interesse público, mas, sim, de um interesse privado, o que diverge da ideia de moralidade administrativa e impessoalidade.[7]

Sendo assim, o abuso do poder não é algo particular às campanhas eleitorais. Pelo contrário, é um instituto que perpassa diversos ramos do direito e guarda um substrato comum: o fato de existir um direito subjetivo, mas cuja exorbitância no modo do seu exercício acarreta consequências ilícitas.

Na dogmática eleitoral, entende-se que a legitimidade das eleições deve ser protegida contra o abuso do poder econômico, do uso indevido dos meios de comunicação social e do abuso do poder político (art. 22, LC 64/90).

É certo que o uso do poder econômico é lícito no pleito, uma vez que sem dinheiro não se faz campanha eleitoral ou propaganda. Os meios de comunicação social são elementares para a ampla circulação de ideias e para a formação da convicção do eleitor a respeito do voto. A administração pública não pode fechar as suas portas durante os pleitos eleitorais, vez que seriam inimagináveis as perdas decorrentes da paralisação dos serviços públicos, o que certamente ocasionaria um caos social.

Todos esses agentes (dinheiro, mídia e administração pública) têm um espaço de atuação lícita no período eleitoral. Entretanto, a depender do modo como são empregados, isso pode se transmudar e, diante de excessos, ocasionar verdadeiras limitações à liberdade do voto, viciando o processo eleitoral e comprometendo a sua legitimidade.

É nesse contexto, portanto, que se tem o instituto do abuso do poder no direito eleitoral, cujo objetivo principal é resguardar a

---

[7] OLIVEIRA, Rafael Carvalho Rezende. *Curso de direito administrativo*. 5. ed. Rio de Janeiro: Forense, 2017. p. 256.

legitimidade do pleito e fazer valer uma democracia autêntica, com respeito à vontade da maioria e livre de vícios no processo eleitoral.

1.1 O abuso do poder na dogmática eleitoral

A Constituição de 1988 prevê, em seu art. 14, §9º, com redação dada pela EC 4/94, que deverão ser protegidas a normalidade e a legitimidade das eleições contra a influência do poder econômico ou do abuso do exercício de função, cargo ou emprego na administração direta ou indireta. Para isso, determinou que tais condutas seriam sancionadas com inelegibilidade, conforme previsto em lei complementar.

Assim, a Lei Complementar 64/90, a chamada lei das inelegibilidades, prevê, em seu art. 22, que "qualquer partido político, coligação, candidato ou Ministério Público Eleitoral poderá representar à Justiça Eleitoral, diretamente ao Corregedor-Geral ou Regional, relatando fatos e indicando provas, indícios e circunstâncias e pedir abertura de investigação judicial *para apurar uso indevido, desvio ou abuso do poder econômico ou do poder de autoridade, ou utilização indevida de veículos ou meios de comunicação social, em benefício de candidato ou de partido político"*.

Portanto, desses dispositivos se extraem os três tipos clássicos de abuso do poder no direito eleitoral: o abuso do poder econômico, o abuso do poder político e o abuso dos meios de comunicação social.

Caso seja julgada procedente a representação prevista no art. 22, da LC 64/90, ainda que após a proclamação dos eleitos, "o Tribunal declarará a inelegibilidade do representado e de quantos hajam contribuído para a prática do ato, cominando-lhes sanção de inelegibilidade para as eleições a se realizarem nos 8 (oito) anos subsequentes à eleição em que se verificou, além da cassação do registro ou diploma do candidato diretamente beneficiado pela interferência do poder econômico ou pelo desvio ou abuso do poder de autoridade ou dos meios de comunicação (...)" (art. 22, XIV).

Ainda, a LC 135/2010, a chamada Lei da Ficha Limpa, alterou o art. 1º, I, d, da LC 64/90, para igualmente prever que são inelegíveis "os que tenham contra sua pessoa representação julgada procedente pela Justiça Eleitoral, em decisão transitada em julgado ou proferida por órgão colegiado, em processo de apuração de abuso do poder econômico ou político, para a eleição na qual concorrem ou tenham sido diplomados, bem como para as que se realizarem nos 8 (oito) anos seguintes".

Assim, o abuso do poder é severamente reprimido no direito eleitoral. A cassação do registro ou do diploma, bem como a imputação da inelegibilidade para o pleito viciado e para aqueles que ocorrem nos próximos oito anos, seguramente, são consequências de forte impacto na democracia, por limitarem a capacidade eleitoral ativa dos eleitores e a capacidade eleitoral passiva dos postulantes.

Por um lado, teremos eleitores impedidos de manifestar a sua escolha a um determinado postulante e, por outro, um sujeito impedido de postular um cargo eletivo. Tendo em vista os valores constitucionais em jogo, é preciso uma leitura cautelosa da teoria do abuso do poder no direito eleitoral, sem perder de vista o impacto democrático da desconstituição de um mandato e da imputação de uma inelegibilidade, mas também o objetivo da proteção da legitimidade das eleições e da paridade de armas entre os candidatos.

Somado a isso, a lei eleitoral nunca definiu o que seria uma prática abusiva, não obstante suas severas consequências. Assim, a definição do conceito coube à doutrina e à jurisprudência, e a sua configuração, no caso concreto, é casuísta e de pouca previsibilidade, o que torna necessária uma leitura mais garantista do instituto, o que será feito no presente trabalho

De todo modo, é necessário analisar os princípios que regem o instituto: o princípio da legitimidade das eleições, da gravidade da conduta e da impessoalidade.

1.2 O princípio da legitimidade das eleições

O art. 14, §9º, da Constituição da República prevê que a normalidade e a legitimidade das eleições serão protegidas "contra a influência do poder econômico ou o abuso do exercício de função, cargo ou emprego na administração direta ou indireta". Desse dispositivo extrai-se que o bem jurídico tutelado pelo instituto do abuso do poder, no direito eleitoral, é a legitimidade das eleições.

A legitimidade significa a própria justiça das eleições e dela decorre a exigência de um processo eleitoral legítimo, com lisura, hígido e dotado de credibilidade pública.[8]

Eneida Desiree Salgado menciona a existência do princípio constitucional da *autenticidade eleitoral*, decorrente da ideia de democracia

---

[8] OSÓRIO, Aline. *Direito eleitoral e liberdade de expressão*. Belo Horizonte: Fórum, 2017. p. 155.

assumida pela Constituição de 1988, que impõe a coibição de desvios no processo democrático.

Ela entende, assim, que existem fatores relevantes para o processo eleitoral, como os programas políticos e as qualidades dos líderes, e fatores irrelevantes, como o maior acesso aos recursos econômicos, aos meios de comunicação e à máquina da administração pública, cujas influências devem ser controladas para que se garanta a autenticidade eleitoral.[9] Fundamenta-se, com isso, a coibição dos abusos.

Entende-se que a legitimidade das eleições estaria amparada em dois pilares, que são a "autenticidade do voto" e a "veracidade do escrutínio".

A veracidade do escrutínio está ligada à autenticidade do resultado da votação, sem que existam manipulações na vontade final do corpo eleitoral. Na história da democracia brasileira, são muitos os exemplos de eleições fabricadas, por meio da substituição de listas, falsificação de atas e multiplicação dos eleitores, com episódios em que até os mortos "compareciam" para votar.[10]

Aline Osório ensina que o interesse em garantir a veracidade do escrutínio é o que justifica a implantação da urna eletrônica, os procedimentos de segurança das urnas e os novos esforços para garantir a identificação biométrica da votação.[11] Diante desse contexto, mostra-se curioso que, atualmente, vozes que pedem o fim da informatização da justiça eleitoral ganham força com a argumentação de que as urnas eletrônicas falseiam o resultado eleitoral, quando, em realidade, é a implementação da informatização que busca garantir a veracidade do escrutínio.

O instituto do abuso do poder nas campanhas eleitorais, fundamentado na preservação da legitimidade das eleições, parece mais ligado, por sua vez, em garantir o pilar da autenticidade do voto.

A autenticidade do voto está atrelada à ideia da *liberdade do voto*. Assim, o eleitor deve ser livre para decidir em quem irá votar, conforme as suas próprias convicções. Ainda, deve ser garantida a *liberdade de formação de opinião*, que apenas se consegue por meio do debate político e do contraditório eleitoral, de modo que os eleitores tenham amplo conhecimento sobre as diferentes alternativas políticas e circunstâncias contextuais do pleito.

---

[9] SALGADO, Eneida Desirre, *op. cit.*, p. 120.

[10] *Ibdem*, p. 123.

[11] OSÓRIO, Aline, *op. cit.*, p. 158.

Não caberá um controle do Estado para verificar se a formação da convicção se baseou em genuíno interesse público ou se levou em conta questões puramente subjetivas, como as preferências pessoais baseadas no carisma do líder. Isso se dá porque a verificação de critérios não racionais não macula a vontade do eleitor, de modo que o controle do Estado, a fim de garantir a autenticidade eleitoral, deve buscar *a coibição dos vícios* no processo de formação da vontade.

Desse modo, entende-se que se garante a liberdade do voto – e a sua autenticidade – pela "ausência de coações, pela inexistência de intimidações, subornos, castigos ou recompensas".[12]

Portanto, o instituto do abuso do poder nas campanhas eleitorais visará a resguardar a *liberdade do eleitor na formação do seu voto*, que não poderá ser viciada por meio da influência de fatores que devem ser irrelevantes ao processo eleitoral, como o uso desmedido dos recursos financeiros, dos meios de comunicação social (vez que este macula a liberdade da formação de opinião) e da máquina pública.

Entretanto, apesar de a legitimidade das eleições estar intrinsicamente ligada à autenticidade do voto, não será qualquer caso de violação à liberdade do eleitor que irá resultar no reconhecimento da prática de abuso do poder. Isso ocorre porque, como o objetivo final da Justiça Eleitoral é garantir a vontade do eleitorado e a qualidade da democracia, não é razoável que um único voto inautêntico seja suficiente para anular uma maioria que se formou nas urnas sem qualquer vício. Isso violaria a própria ideia de igualdade do voto, de modo que um voto falseado teria mais valor que todos os outros livremente formados.

Assim, somente podem ensejar a anulação da eleição práticas de abuso do poder que ostentem *gravidade* o suficiente para alterar a vontade da maioria do eleitorado. De acordo com Osório, "se vícios menores, formais ou que impliquem a anulação de um número diminuto de votos, pudessem causar a anulação de todo o pleito, a própria soberania popular seria violada".[13] Assim, a nulidade das eleições somente poderá sobrevir em casos excepcionalíssimos em que não se souber, ao certo, qual era a real vontade da maioria.

Segunda Eneida Desiree Salgado:

> O protagonismo da Justiça Eleitoral na defesa da autenticidade eleitoral deve ser visto com reservas. O afastamento imediato de candidatos do pleito ou de mandatários, que ainda passarão pelo crivo popular ou que

---

[12] *Ibdem*, p. 117.

[13] *Ibdem*, p. 159.

obtiveram o apoio da população, deve ser feito com muita cautela, sob pena de esvaziar a disputa eleitoral. Corre-se o risco, ainda, de afastar o cidadão do debate eleitoral, a partir de uma excessiva tutela ou de uma desconsideração total se duas escolhas.[14]

Desse modo, as hipóteses que possam ser caracterizadas como abuso do poder nas campanhas eleitorais e, assim, resultem nas severas consequências da cassação do registro ou do diploma e da inelegibilidade, só poderão sobrevir diante de verdadeira ilegitimidade do pleito, por meio de um falseamento da vontade da maioria ocasionado por condutas verdadeiramente graves. Desse modo, a caracterização das práticas abusivas sempre deve vir amparada pelo princípio da *gravidade da conduta*.

1.3   O princípio da gravidade da conduta

Como exposto, ainda que haja um vício na formação da vontade do eleitor por meio do uso desmedido de recursos financeiros, da manipulação da formação da opinião pública e da malversação da máquina pública, isso não terá, como consequência imediata, a cassação do registro ou diploma e a inelegibilidade. Isso se dá porque tais consequências devem ser aplicadas excepcionalmente, sob pena de violação à soberania popular, à democracia e aos direitos políticos fundamentais.

Assim, desde a promulgação da LC 135 de 2010, entende-se que, para a configuração do ato abusivo, deve ser considerada a *gravidade das circunstâncias* que o caracterizam. A utilização da gravidade como parâmetro para a aferição da prática abusiva representou uma mudança de paradigma na temática, vez que a prática abusiva, até então, era caracterizada por meio de um juízo da *potencialidade da conduta*.

De acordo com o *princípio da potencialidade*, deveria ser observado se a conduta abusiva tinha potencialidade para influenciar o resultado das eleições. No entanto, a doutrina dispensava inúmeras críticas à ideia de potencialidade, vez que a sua verificação era essencialmente ligada ao resultado do pleito e a um critério aritmético, de modo que a sua prova seria impossível ou, ao menos, excessivamente difícil, em razão do sigilo universal do voto.[15]

---

[14]   SALGADO, Eneida Desirre, *op. cit.*, p. 116.

[15]   BIM, *op. cit.*, p. 122.

Desse modo, a jurisprudência do Tribunal Superior Eleitoral modificou-se para entender que a ideia de potencialidade "deve ser apreciada em função da seriedade e da gravidade da conduta imputada, à vista das particularidades do caso, não devendo tal análise basear-se em eventual número de votos decorrente do abuso, ou mesmo em diferença de votação, embora essa avaliação possa merecer criterioso exame em cada situação concreta".[16]

Foi nesse contexto que a LC 135 de 2010 incluiu o art. 22, XVI, na LC 64/90, para expressamente prever que "para a configuração do ato abusivo, não será considerada a potencialidade de o fato alterar o resultado da eleição, mas apenas a gravidade das circunstâncias que o caracterizam".

Frederico Alvim afirma, entretanto, que a mudança de paradigma não deve afastar a valoração do impacto das condutas abusivas sobre a *integridade do certame*. Para ele, "a gravidade das circunstâncias aparece como parâmetro para a avaliação dos impactos do ilícito sobre a legitimidade da disputa".[17]

Sendo assim, ainda que o ponto central para a caracterização do abuso não seja mais o resultado da disputa, mas sim a conduta em si, que deve ser grave, não se deve perder de vista o grau de impacto das condutas abusivas na legitimidade do pleito, vez que é esse o bem jurídico protegido pelo instituto do abuso do poder.

Entende-se, assim, que a alteração legislativa veio solucionar um problema de prova processual, mas não teve o condão de tornar menos excepcional a desconstituição do resultado do pleito. O reconhecimento da prática abusiva visa a resguardar a legitimidade das eleições, isto é, busca proteger a genuína vontade da maioria, que deve ser formada sem vícios. Mudar o entendimento para desrespeitar a vontade da maioria, como já dito, consiste numa subversão da soberania popular e em ofensa ao princípio democrático.

Assim, o reconhecimento do abuso apenas deve ser aceito em situações excepcionais, uma vez que isso poderá representar a desconstituição do mandato de um representante eleito pela maioria.

A atuação da Justiça Eleitoral de desconstituir um mandato tem um caráter essencialmente contramajoritário, que apenas deve se dar quando for a única medida capaz de restabelecer a legitimidade do

---

[16] TSE. RO nº 2098, Rel. Min. Arnaldo Versiani Leite Soares, DJe 04.09.2009.

[17] ALVIM, Frederico Franco. *Cobertura política e integridade eleitoral:* efeitos da mídia sobre as eleições. Florianópolis: Habitus, 2018.

processo eleitoral. Eventual cassação do mandato em razão de uma conduta que não foi suficientemente grave a ponto de afastar a lisura do processo eleitoral resultará em um terceiro turno chancelado pelo poder judiciário, o que não se coaduna com o princípio democrático.

A ideia de gravidade da conduta, por ser um conceito jurídico indeterminado, depende de uma análise casuística, o que se traduz em menor segurança jurídica. Em razão disso, é necessário haver, nas decisões judiciais que entendam pela configuração de ato de abuso do poder, uma busca por parâmetros objetivos e gerais para a caracterização da gravidade.

Deve-se prezar, inicialmente, que gravidade não significa o oposto de bagatela. É certo que o abuso do poder não deve ser configurado por fatos insignificantes e sem relevo social,[18] mas, além disso, o abuso do poder apenas pode ser configurado quando a conduta verificada tenha o condão, ao menos em um juízo hipotético, de ferir a legitimidade do pleito.

Sendo assim, entende-se que devem, sim, ser sopesados (i) o número de cidadãos, ao menos em tese, atingidos pela prática, em comparação com o contingente de eleitores aptos a votar e (ii) o quociente eleitoral exigido para a eleição ou a diferença de votos entre os colocados no pleito majoritário.

A análise aritmética não deve ser abandonada, mas sim deve ser revalorada. A justiça eleitoral e a legislação acertaram ao não mais buscar, dentro do conceito de potencialidade, a comprovação do nexo causal entre a conduta e o resultado do pleito, o que se entendia que impunha ao autor das ações o ônus de uma prova diabólica.

No entanto, deve ser feito um exercício argumentativo por meio do qual se possa concluir que, ao menos em tese, o ato considerado abusivo feriu a legitimidade do pleito. Caso contrário, diante de casos que não tenham o condão de macular a escolha popular, não há que se decretar o ato abusivo, por estar ausente a *gravidade das circunstâncias*. O contrário disso seria uma subversão ao princípio da igualdade do voto, pois poucos votos viciados valeriam mais que todos os outros livremente lançados.

Como dito, ainda que a retirada da ideia de potencialidade tenha diminuído uma problemática de prova processual, não se pode perder de vista, para a configuração da prática abusiva, os bens

---

[18] COÊLHO, Marcus Vinicius Furtado. *A gravidade das circunstâncias no abuso de poder eleitoral.* Disponível em: http://www.tre-rj.gov.br/eje/gecoi_arquivos/arq_071881.pdf. Acesso em: 14 ago. 2018

1.4 O princípio da impessonalidade

É do citado art. 22, XIV, da LC 64/90 que se extrai o *princípio da impessonalidade* em matéria de abuso do poder, segundo o qual serão punidos tanto o praticante do ato quanto aquele que se beneficiou da conduta abusiva, ainda que dela não tenha tido conhecimento.[19]

Assim, segundo Eduardo Fortunato Bim, o abuso do poder deve ser punido mesmo sem a comprovação do elemento subjetivo da conduta, pois o que a norma busca proteger é a legitimidade do pleito, não importando a comunhão de interesses entre o beneficiário e aquele que praticou o ato abusivo. Para ele, "não se trata de direito sancionador (= punitivo), mas sim de forma de desconstituir o mandato obtido de forma abusiva".[20]

Desse modo, tem-se a figura do *beneficiário* do abuso do poder que, mesmo que não pratique qualquer das condutas que levaram a cabo a prática abusiva, e ainda que dela não tenha conhecimento, estará sujeito à cassação do seu registro ou diploma, nos moldes do art. 22, XIV da LC 64/90.

O ordenamento acerta ao prescindir da comprovação do elemento subjetivo para desconstituir o mandato conseguido mediante práticas abusivas, vez que a legitimidade das eleições é um valor constitucional que deve ser tutelado de modo independente, por decorrer do princípio democrático e da soberania popular, não havendo que se condicionar a sua proteção à responsabilidade pessoal de quem se beneficiou do desequilíbrio. Se o pleito for comprovadamente viciado, há uma violação à sua legitimidade que deve ser restabelecida pela Justiça Eleitoral.

Entretanto, a aplicação do princípio da impessonalidade apenas pode ser aceita para a desconstituição do mandato viciado, e não para a imputação da inelegibilidade decorrente da prática do abuso do poder (art. 1º, I, d, da LC 64/90).

Ainda que não se discuta a natureza jurídica da inelegibilidade, esta consiste em restrição à capacidade eleitoral passiva do sujeito,

---

[19] GARCIA, Emerson. *Abuso do poder nas eleições:* meios de coibição. Rio de Janeiro: Lumen Juris, 2000. p. 19.

[20] BIM, Eduardo Fortunato. O polimorfismo do abuso do poder no processo eleitoral: o mito de Proteu. *Revista do TRE-RS.* Porto Alegre. v. 8. nº 17, jul./dez. 2003.

importando em uma severa limitação aos direitos políticos, que são espécies dos direitos fundamentais, de modo que qualquer restrição a estes deve se dar segundo uma perspectiva garantista e obediente à proporcionalidade.

Nesse sentido, Vânia Siciliano Aieta afirma que a inelegibilidade é a pena mais cruel aos representantes eleitos, "um verdadeiro "banimento do mundo político", condenando-se tais representantes à invisibilidade política".[21]

Desse modo, o Tribunal Superior Eleitoral tem se posicionado, nos últimos anos, pela não aplicação da sanção de inelegibilidade ao beneficiário do abuso do poder no direito eleitoral.

1.4.1 O princípio da impersonalidade e a inelegibilidade

Com a promulgação da Lei da Ficha Limpa, o Tribunal Superior Eleitoral começou a se debruçar sobre os casos em que a inelegibilidade passou a ser consequência de uma condenação anterior. Nessa oportunidade, surgiram inúmeros casos de requerimento de registro de candidatura em que os postulantes haviam sofrido uma condenação anterior de cassação do diploma em razão de serem vice-candidatos em chapa na qual o titular, sem a participação do seu vice, havia praticado o ilícito eleitoral.

Nesses casos, o TSE começou a firmar o entendimento de que a condenação à cassação do diploma por arrastamento, em razão da indivisibilidade da chapa, não poderia ser causa ensejadora da inelegibilidade prevista na Lei da Ficha Limpa, uma vez que o sujeito não havia praticado a conduta ilícita. O Tribunal entendeu, portanto, que as causas de inelegibilidade seriam pessoais (art. 18, LC 64/90).

No RO 296-59/SC, precedente relacionado às eleições de 2014, de relatoria do Ministro Gilmar Mendes, novamente discutiu-se a aplicação das sanções de inelegibilidade aos casos dos vice-candidatos nas eleições majoritárias em que estes foram meros beneficiários das condutas abusivas encabeçadas pelos titulares da chapa.

Na oportunidade, entendeu-se que nem toda a condenação em abuso do poder geraria, automaticamente, a inelegibilidade prevista no art. 1, "d", da Lei da Ficha Limpa, "*mas somente aquelas que imputem ao cidadão a prática do ato ilícito ou a sua anuência a ele*, pois, como se sabe, não se admite a responsabilidade objetiva em matéria de inelegibilidades".

---

[21] AIETA, Vânia Siciliano. *Criminalização da política*. Rio de Janeiro: Lumen Juris. 2017. p. 20.

Assim, o Tribunal Superior Eleitoral acertadamente se posicionou no sentido de que, nas condenações em abuso do poder, apenas se imputará a inelegibilidade quando o sujeito tenha praticado o ato abusivo ou, ao menos, anuído com ele, afastando a ideia de responsabilidade objetiva em matéria de inelegibilidade. Para o Tribunal, as causas de inelegibilidade têm *caráter pessoal*.[22]

Desse modo, fixou-se, nesse caso específico, "que a declaração de inelegibilidade do candidato à Presidência da República, Governador de Estado e do Distrito Federal e Prefeito Municipal não atingirá o candidato a Vice-Presidente, Vice-Governador ou Vice-Prefeito, assim como a destes não atingirá aqueles".

Assim, esse entendimento passou a ser aplicado não apenas aos casos dos vice-candidatos beneficiários das condutas dos titulares da chapa, mas também a todos aqueles candidatos enquadrados como *meros beneficiários*.

Atualmente, o Tribunal Superior Eleitoral não se utiliza do princípio da impessonalidade para os casos de aplicação das inelegibilidades, sendo indispensável a prática do ato abusivo ou a anuência com ele.[23]

---

[22] ELEIÇÕES 2014. CANDIDATO À DEPUTADO FEDERAL. RECURSOS ORDINÁRIOS. REGISTRO DE CANDIDATURA INDEFERIDO. INCIDÊNCIA NAS INELEGIBILIDADES REFERIDAS NO ART. 1°, INCISO 1, ALÍNEAS "1" E "G" DA LEI COMPLEMENTAR 64/90. (...)
6. Com base na compreensão da reserva legal proporcional, *nem toda condenação por abuso do poder econômico em Ação de Impugnação de Mandato Eletivo gerará a automática inelegibilidade referida na alínea "d", mas somente aquelas que imputem ao cidadão a prática do ato ilícito ou a sua anuência a ele*, pois, como se sabe, não se admite a responsabilidade objetiva em matéria de inelegibilidades. Circunstância ausente no caso concreto.
7. *Conquanto o mero benefício seja suficiente para cassar o registro ou o diploma do candidato beneficiário do abuso do poder econômico*, nos termos do art. 22, inciso XIV da LC 64/90, segundo o qual, além da cassação do registro ou diploma do candidato diretamente beneficiado pela interferência do poder econômico o pelo desvio ou abuso do poder de autoridade ou dos meios de comunicação, a parte inicial do citado inciso esclarece que a declaração de inelegibilidade se restringe apenas ao representado e de quantos hajam contribuído para a prática do ato, cominando-lhes sanção de inelegibilidade para as eleições a se realizarem nos 8 (oito) anos subsequentes à eleição em que se verificou.
8. *Conclusão jurídica que se reforça com o art. 18 da LC 64/90, que consagra o caráter pessoal das causas de inelegibilidade, afastando, consequentemente, qualquer interpretação que almeje a responsabilização de forma objetiva, pois a declaração de inelegibilidade do candidato à Presidência da República, Governador de Estado e do Distrito Federal e Prefeito Municipal não atingirá o candidato a Vice-Presidente, Vice-Governador ou Vice-Prefeito, assim como a destes não atingirá aqueles* (RO 296-59/SC, Rel. Min. GILMAR MENDES, DJe 29.9.2016).

[23] Nesse sentido: AgR-REspe 135-48/RJ, Rei. Mm. LUIZ FUX, *DJe* 7.3.2017; RESPE n° 30010, Rel. Min. Herman Benjamin, DJe 22/11/2017; RESPE nº 48915, Rel. Min. Henrique Neves Da Silva, DJe 19/11/2014.

O ABUSO DO PODER ECONÔMICO

Inicialmente, deve-se ter em mente que o dinheiro não é o vilão do jogo político. Sem dinheiro não se faz campanha ou propaganda, e sem campanha não se faz uma democracia. A propaganda eleitoral não tem o único objetivo de captar votos para um pleito determinado, mas é igualmente essencial para o direito à informação do eleitor, que apenas irá escolher o seu representante de modo verdadeiramente autêntico se tiver acesso a tudo o que aquele candidato pensa e pretende.

Assim, como já afirmado por Pedro Henrique Távora Niess, a influência do poder econômico no pleito é lícita e regulada, de modo que apenas a excessiva influência do poder econômico é que deve ser coibida.[24]

O abuso do poder econômico, via de regra, está ligado aos gastos de campanhas eleitorais e de propaganda eleitoral. A doutrina, muitas vezes, costuma trazer uma definição de abuso do poder econômico ligada ao uso desmedido ou desvirtuado dos recursos financeiros, de modo a desequilibrar o pleito em favor de determinado candidato, mas muitas vezes atrelada à ideia de desrespeito às regras de arrecadação e gastos em campanhas eleitorais.[25]

Entretanto, a jurisprudência do Tribunal Superior Eleitoral tem se posicionado no sentido de que o desrespeito às normas de arrecadação

---

[24] NIESS, Pedro Henrique Távora. *Ação de impugnação de mandato eletivo*. Bauru: Edipro, 1996, p. 24.

[25] Nesse sentido, José Jairo Gomes, por exemplo, elenca que o abuso do poder econômico pode acontecer por meio do "i) emprego abusivo de recursos patrimoniais, ii) mau uso de meios de comunicação ou do descumprimento das regras atinentes à arrecadação e ao uso de fundo de campanhas, iii) oferta ou doação aos eleitores de bens ou vantagens, *iv) emprego de "caixa dois" em campanhas, e v) a realização de gastos que superem a estimativa no registro"*. *In*: GOMES, José Jairo. *Direito eleitoral*. 12. ed. São Paulo: Atlas, 2016. p. 313-314.

e gastos não significará, necessariamente, o abuso do poder, vez que, no caso concreto, há de ser demonstrada a gravidade da conduta.

Nesse sentido, o Tribunal já afirmou que "a utilização de recursos financeiros na campanha eleitoral em desconformidade com o que determina a Lei das Eleições não é suficiente, por si só, à caracterização de abuso, sendo necessária a comprovação do potencial lesivo da conduta (...)" (Ac. de 28.10.2009 no RO nº 1.495, rel. Min. Marcelo Ribeiro).

Sendo assim, Walber de Moura Agra sintetiza que não se deve confundir o conceito de abuso do poder econômico com os ilícitos de captação ilícita de sufrágio ou de irregularidade na arrecadação e gastos de campanha, previstos nos arts. 41-A e 30-A, da Lei nº 9.504/97. Isso ocorre porque, apesar de serem fenômenos parecidos, o abuso do poder está ligado à exorbitância dos recursos despendidos, que fogem dos parâmetros da razoabilidade, ao passo que as condutas dos citados arts. 41-A e 30-A não exigem o excesso para a caracterização, mas apenas o aspecto da subsunção do fato a norma.[26]

Por outro lado, reconheceu-se, na jurisprudência do TSE, que o desequilíbrio do pleito pode ser ocasionado até mesmo por uma conduta lícita. Tem-se o exemplo da condenação por excessiva contratação de cabos eleitorais, quando comparada com o tamanho da população e do eleitorado.[27]

2.1 A busca pelo barateamento das campanhas eleitorais

É certo que há uma preocupação com os elevados custos das campanhas eleitorais no Brasil e, principalmente, com um suposto protagonismo do dinheiro no processo eleitoral. Tal preocupação

---

[26] AGRA, Walber de Moura. *Manual prático de direito eleitoral*. 2. ed. Belo Horizonte: Fórum. 2018. P. 224.

[27] "Ação de investigação judicial eleitoral. Abuso do poder econômico. Contratação de cabos eleitorais. 1. Tendo em vista o conjunto de fatores assinalados pela Corte de origem – tais como número de cabos eleitorais contratados, respectivo percentual em face do eleitorado da localidade, diferença de votos entre o primeiro e o segundo colocados e gasto despendido pelos investigados em campanha – e o fato de se tratar de pequeno município e, ainda, de campanha eleitoral alusiva à renovação de pleito, está correta a conclusão das instâncias ordinárias quanto à caracterização de abuso do poder econômico. 2. *A eventual licitude da arrecadação e gastos efetuados em campanha ou mesmo a aprovação das contas não afastam, por si, o abuso do poder econômico, porquanto o que se veda é o uso excessivo desses recursos, de modo a influenciar o eleitorado e afetar a normalidade e legitimidade do pleito. Recurso especial não provido.*" TSE. RESPE nº 8139. Rel. Min. Arnaldo Versani. Publicado no DJe em 08/10/2012.

resultou em inúmeras alterações na ordem jurídica com o único objetivo reconhecido de baratear campanhas, com especial ênfase na questão do financiamento de campanhas eleitorais e nas formas de propaganda eleitoral.

No tocante ao financiamento de campanhas eleitorais no Brasil, proibiu-se a doação a campanhas por meio de pessoas jurídicas. No julgamento da ADI 4650, concluído em 17 de setembro de 2015,[28] o Supremo Tribunal Federal entendeu que as doações eleitorais feitas por pessoas jurídicas eram inconstitucionais.

Dentre os argumentos que serviram de base para o reconhecimento da inconstitucionalidade, o relator do acórdão, Ministro Luiz Fux, asseverou que a elevação dos custos de campanhas ocasionada pela participação de pessoas jurídicas no financiamento eleitoral possuía "uma justificativa prática, mas dolorosamente verdadeira: os candidatos que despendam maiores recursos em suas campanhas possuem maiores chances de êxito nas eleições". Ainda, o Ministro sinalizou que não se mostrava compatível com os princípios democrático e republicano a manutenção de um modelo de financiamento que permitia a captura do poder político pelos titulares do poder econômico.

Posteriormente, a Lei nº 13.165 de 2015 acatou o juízo de inconstitucionalidade do STF e revogou o art. 81 da Lei das Eleições, responsável pela regulamentação das doações eleitorais por pessoas jurídicas. Mas isso não foi tudo.

Talvez a principal causa dos elevados custos de campanha no Brasil se devia à falta de fixação de um limite de gastos de campanha único. A legislação vigente à época do julgamento da ADI 4650 determinava que a lei deveria fixar, até o dia 10 de junho de cada ano eleitoral, o limite dos gastos de campanha para os cargos em disputa, e caso tal lei não fosse editada até a data estabelecida, caberia ao partido político a fixação do limite de gastos (art. 17-A da Lei nº 9.504/97, com redação dada pela Lei nº 11.300/06, atualmente revogado). Na prática, os partidos políticos exerciam essa competência, uma vez que a lei limitadora nunca era editada.[29] Assim, as campanhas eleitorais eram executadas com orçamento fixado pelos próprios interessados.

---

[28] STF. ADI 4650. Relator Min. Luiz Fux. Publicado no DJe em 24/02/2016.

[29] SARMENTO, Daniel; OSÓRIO, Aline. *Uma mistura tóxica*: política, dinheiro e o financiamento das eleições. Disponível em: http://www.migalhas.com.br/arquivos/2014/1/art20140130-01.pdf. Acesso em: 05 abr. 2018.

Nesse contexto, a Lei nº 13.165/2015 alterou a redação do art. 18 da Lei nº 9.504/97 e passou a prever que "os limites de gastos de cada eleição são os definidos pelo Tribunal Superior Eleitoral com base nos parâmetros definidos em lei". Com isso, retirou-se da discricionariedade dos partidos políticos a limitação orçamentária de suas próprias campanhas, passando-se a adotar um modelo igualitário para todas as candidaturas.

Atualmente, a Lei nº 13.488 de 2017 deu nova redação ao art. 18 da Lei nº 9.504/97 e definiu que "os limites de gastos de campanhas serão definidos em lei e divulgados pelo Tribunal Superior Eleitoral". A própria Lei nº 13.488/17 trouxe, em suas disposições transitórias, quais limites seriam aplicados logo após a sua entrada em vigor. Tem-se, por exemplo, o limite máximo de R$ 70 mi para as campanhas de Presidente da República (art. 5º). Esse número é muito inferior aos R$ 318 milhões utilizados por Dilma Roussef em 2014 ou aos R$ 201 milhões de Aécio Neves,[30] segundo colocado naquele pleito eleitoral.

No tema da propaganda eleitoral, são sucessivas e constantes as restrições nas formas lícitas de veiculação da propaganda com o objetivo, algumas vezes não anunciado, de diminuição de custos.

Viviane Macedo Garcia, ao analisar a evolução das legislações sobre propaganda, pondera, por exemplo, que a Lei nº 11.300, de 2006, ao alterar o regramento da Lei das Eleições, justificou, sob o argumento da diminuição de custos, inúmeras restrições à propaganda, da qual se destacam a proibição da realização de showmícios e contratação de artistas e a proibição de uso de *outdoors*.[31]

Posteriormente, a Lei nº 12.034 de 2009 estabeleceu que o limite para faixas, placas e cartazes deveria ser de 4m², destacando-se também a proibição da utilização de trios elétricos em campanhas, exceto para a sonorização de comícios.

Por sua vez, a Lei nº 12.891/2013, por exemplo, passou a proibir a colocação de cavaletes, bonecos e cartazes ao longo das vias, bem como limitou a dimensão dos adesivos a 50cm x 40cm, além de proibir ao "envelopamento" de carros.

A Lei nº 13.165/2015, igualmente com o objetivo declarado de diminuir os custos de campanha, reduziu o período eleitoral em 40

---

[30] RAMALHO, Renan. Disponível em: http://g1.globo.com/politica/noticia/2014/11/dilma-arrecadou-r-318-mi-e-aecio-r-201-mi-informam-campanhas.html. Acesso em: 05 abr. 2018.

[31] GARCIA, Viviane Macedo. Propaganda eleitoral e reforma política. *In:* PEREIRA, Rodolfo Viana; SANTANO, Ana Claudia (Orgs.). *Conexões eleitoralistas*. Belo Horizonte: Abradep, 2016. p. 263-279.

dias, ao prever que as campanhas eleitorais são permitidas a partir de 15 de agosto, em vez do antigo 5 de julho, bem como reduziu os tipos de propaganda em bens particulares, admitindo apenas papel e adesivo que não exceda a 0,5m², em oposição aos 4m² até então permitidos.

A Lei nº 13.488/2017 foi ainda mais restritiva, de modo que passaram a ser permitidos, em bens particulares, apenas a afixação de adesivos plásticos em automóveis, caminhões, bicicletas, motocicletas e *janelas residenciais*, desde que não exceda a 0,5m². Ainda, a circulação de carros de som e minitrios apenas são permitidas para sonorizar *"carreatas, caminhadas e passeatas ou durante reuniões e comícios"*.

Mesmo com a finalidade declarada de diminuir custos, as restrições que se implementaram não lograram atingir o seu objetivo. Até 2016, quando pela primeira vez se aplicou a diminuição de dias de campanha e se implementou um teto de gastos, as eleições no Brasil se tornavam mais caras a cada pleito.

Aline Osório afirma, nesse sentido, que as restrições ao tema da propaganda eram totalmente ineficazes para a restrição dos custos e para o fomento da igualdade entre os candidatos, porque a proibição de um meio de propaganda transferia a alocação de maiores recursos a outros meios de propaganda lícitos.[32]

Sendo assim, Osório entende que as citadas limitações aos meios de propaganda são extremamente gravosas à liberdade de expressão política dos candidatos, por impedir que eles decidam como aplicar os recursos de campanha da forma que entenderem melhor.

A autora propõe que o meio mais efetivo para coibir os verdadeiros abusos do poder econômico e político e, ao mesmo tempo, menos gravoso à liberdade de propaganda, seria a implementação de um teto geral de gastos de campanha. Entretanto, tece críticas ao modelo do teto de gastos implementados pela Lei nº 13.165/2015, uma vez que: i) este teve como parâmetro os últimos gastos do candidato que teve a campanha mais cara, e não necessariamente o número de eleitores da circunscrição; ii) a lei teria aplicado percentuais de redução pouco significativos frente a considerável redução de tempo de campanha (a lei fixou como limite, para o 1º turno, o percentual de 70% e 50% (quando tenha havido 2º turno) dos custos da campanha mais cara); e iii) a criação do teto de gastos não veio acompanhada de uma legalização das diversas formas de propaganda eleitoral.

---

[32] OSORIO, Aline, *op. cit.*, p. 362.

Em 2017, o modelo de teto de gastos estabelecido em 2015 foi consideravelmente alterado, passando a prever montantes escalonados, para as eleições gerais de 2018, de acordo com o número de eleitores da circunscrição. Em relação às eleições municipais, a inclusão do art. 18-C na Lei 9.504/97, pela Lei nº 13.878/2019, passou a prever, como regra, que o limite de gastos "será equivalente ao limite para os respectivos cargos nas eleições de 2016, atualizado pelo Índice Nacional de Preços ao Consumidor Amplo (IPCA), aferido pela Fundação Instituto Brasileiro de Geografia e Estatística (IBGE), ou por índice que o substituir". Na hipótese de haver segundo turno, o limite será de 40% do montante definido para o primeiro turno (art. 18-C, parágrafo único).

De todo modo, uma vez que há uma limitação uniforme de quanto pode ser gasto, não ficando mais ao arbítrio dos próprios interessados essa definição, é necessária uma releitura do modelo que a jurisprudência delimitou de *abuso do poder econômico*, vez que gastos com meios lícitos de propaganda e dentro do custo global de campanha não parecem ter o condão de violar a igualdade entre os candidatos e ferir a legitimidade do pleito.

2.2 Uma releitura do abuso do poder econômico: impossibilidade de configuração diante de gastos com meios lícitos de campanha

A jurisprudência do TSE delimitou o abuso do poder econômico, em linhas gerais, como o uso excessivo de recursos que representem valor econômico nas campanhas, com vistas a benefício eleitoral, desde que seja grave o suficiente para ferir a igualdade e a legitimidade do pleito.

Assim, entendeu-se que inclusive a utilização de recursos arrecadados licitamente e empregados em formas lícitas de propaganda também poderiam configurar abuso do poder econômico, desde que ferissem a normalidade do pleito. Tem-se o já citado exemplo da configuração como abuso do poder econômico a excessiva contratação de cabos eleitorais de modo aparentemente desproporcional ao tamanho do eleitorado.[33]

---

[33] ROLEMBERG, Gabriela e KUFA, Karina. Aspectos polêmicos e atuais da ação de investigação judicial eleitoral. *In:* COSTA, Daniel Castro Gomes da., ROLLEMBERG, Gabriela, KUFA, Karina e NETO, Tarcisio Vieira de Carvalho (Org.). *Tópicos avançados de direito processual eleitoral*. Belo Horizonte: Arraes, 2018. p. 465.

Mesmo nesse caso, desde 2013, já se tem o art. 100-A na Lei das Eleições, que prevê limites à contratação de cabos eleitorais proporcional ao número de eleitores. As campanhas eleitorais e as condutas permitidas aos candidatos já são excessivamente reguladas no Brasil, de modo que punir condutas lícitas arcadas com dinheiro arrecadado licitamente com as penas mais gravosas a um político – cassação do mandato e inelegibilidade – mostra-se desproporcional e ofensivo à segurança jurídica.

Uma das formas de se garantir a legitimidade do pleito eleitoral é fazendo com que os *players* políticos respeitem as regras do jogo – e esse, inclusive, é um dos papéis precípuos da justiça eleitoral. Desse modo, como punir um candidato que respeitou as regras simplesmente porque ele optou por alocar todos os seus recursos em um meio específico de campanha? Isso é um excesso punível? Seguramente, em uma ordem jurídica que não previa um teto de gastos geral para todos os competidores, dispêndios financeiros realizados dentro do previsto pelos partidos eram lícitos, mas, sim, poderiam ferir a igualdade de oportunidades entre os postulantes. Entretanto, esse tipo de reprimenda não tem mais espaço no atual desenho de arrecadação e teto de gastos.

Entender como abusivas formas de propagandas lícitas apenas porque elas ocorreram em demasia viola o princípio da liberdade de propaganda e da legalidade. A liberdade de propaganda é um princípio geral da propaganda eleitoral que, segundo Coneglian, prega que "a propaganda é livre, na forma disposta na lei. Entende-se que tudo que a lei não veda é livre".[34] Jairo Gomes, no mesmo sentido, fala que "desde que se respeitem os limites legais, há liberdade quanto à criação da mensagem a ser veiculada na propaganda".[35]

Punir uma conduta lícita, além de confrontar o princípio da legalidade, acaba por transformar o abuso do poder em um campo de extrema insegurança jurídica. Tudo e nada podem ser considerados abusivos, cujo único liame é a ideia de gravidade/potencialidade, que igualmente é de falha caracterização. Mais uma vez, deve-se chamar a atenção para a gravidade das consequências da configuração da prática abusiva, bem como para o papel contramajoritário da Justiça Eleitoral nesses casos.

Assim, tendo em vista o novo desenho das normas atinentes à arrecadação e aos gastos de campanha, propõe-se uma releitura da

---

[34] CONEGLIAN, Olivar. *Propaganda eleitoral:* eleições 2014. 12. ed. Curitiba: Juruá, 2014. p. 68

[35] GOMES, José Jairo, *op. cit.,* p. 472.

figura do abuso do poder econômico, passando-se a punir, apenas e precisamente, os meios ilícitos de propaganda e campanha, pois estes sim, quando em excesso, podem desequilibrar o pleito, bem como os meios lícitos apenas quando exorbitem do teto de gastos. Por sua vez, a disciplina do abuso do poder deve seguir intolerante às práticas de compra de votos e gastos em campanha feitos com dinheiro de origem incerta, desde que caracterizada a sua gravidade.

2.3 O abuso do poder econômico no período pré-eleitoral

A Lei nº 13.165/2015 representou significativas mudanças no cenário político eleitoral, dentre as quais se destaca a ampla flexibilização das condutas que, praticadas antes do período oficial de campanha, não configurariam a prática de propaganda eleitoral antecipada, por meio da nova redação dada ao art. 36-A da Lei das Eleições. Pela literalidade do dispositivo, a única restrição às ações do pré-candidato é o pedido explícito de votos.

Desse modo, surgiram, na doutrina e na prática do direito eleitoral, inúmeros questionamentos sobre a real amplitude da norma e vedações às manifestações políticas no período pré-eleitoral.

Desde quando começou a se debruçar sobre o tema, o TSE se posicionou no sentido de acatar a ampla flexibilização das condutas permitidas proposta pelo legislador, de modo a afastar do espectro de punição da norma o pedido implícito de votos e priorizar a liberdade de expressão dos postulantes.[36]

Assim, a discussão sobre o tema passou a girar sobre duas premissas: i) se os meios de propaganda eleitoral vedados no período de campanha também o seriam no período pré-eleitoral; e ii) se seria permitido gastar dinheiro com as manifestações pré-eleitorais, já que não haveria nenhuma fiscalização formal por parte da Justiça Eleitoral nesse período. Assim, nesse último ponto, a discussão se limitou ao *abuso do poder econômico no período pré-eleitoral.*

Desse modo, no julgamento do AgReg 9-24/SP,[37] ocorrido em 26.06.2018, o Tribunal Superior Eleitoral fixou as balizas para o dispêndio econômico nas manifestações políticas no período pré-eleitoral.

---

[36] TSE. Respe *51-24/MG*, Rel. Min. Luiz Fux, Publicado na sessão de 18.10.2016.

[37] TSE. Agravo Regimental em Agravo de Instrumento nº 9-24/SP. Rel. Min. Tarcisio Vieira de Carvalho Neto. Publicado no DJe em 22/08/2018.

Na oportunidade, entendeu-se que é autorizado o uso de gastos moderados no período pré-eleitoral, desde que compatível com as possibilidades do "candidato médio". Conforme constou do voto do Ministro Luiz Fux, "entendem-se lícitas as ações publicitárias não extraordinárias, isto é, aquelas possíveis de ser realizadas pelos demais virtuais concorrentes".

Ainda em seu voto, o Ministro Luiz Fux assentou que o dinheiro é elemento primordial para a realização da liberdade de expressão e consignou que "os casos de abuso podem ser examinados e eventualmente sancionados *a posteriori* por esta Justiça Especializada, *v.g.* em sede de ação de investigação judicial eleitoral".

Ainda que se deva louvar a decisão do Tribunal Superior Eleitoral, que claramente prestigia a liberdade de expressão dos *players* políticos, teme-se que a apuração por abuso do poder seja verdadeiro sucedâneo da representação por propaganda eleitoral antecipada, e que se passe a perseguir toda e qualquer ação de "pré-campanha" como abusiva. Afinal, o que seria um gasto moderado suportável pelo candidato médio?

Inicialmente, percebe-se que o julgado trabalha com os institutos da manifestação lícita em período pré-eleitoral e do abuso do poder. Fixa-se que a manifestação lícita, e, portanto, que não configura propaganda antecipada, é aquela que não custe muito.

Não se pode permitir que "o tiro saia pela culatra", que a luta por maior liberdade no período pré-eleitoral dê ensejo a um sem-número de ações para apurar abuso do poder, o que se mostraria infinitamente mais gravoso ao homem público – considerando que as práticas de propaganda antecipada são puníveis com multa pecuniária, ao passo que as condutas abusivas ensejam a cassação do registro ou diploma, bem como a inelegibilidade por 8 anos.

Desta feita, mesmo nas ações de investigação judicial eleitoral que visem a apurar o abuso do poder econômico de ato praticado no período pré-eleitoral, não se deve adotar como parâmetro para a configuração do abuso os gastos superiores aos do "candidato médio", mas sim manter a baliza da gravidade da conduta.

É certo que não há segurança jurídica acerca do que o candidato médio pode suportar. Talvez o impulsionamento de alguns *posts*? A impressão de adesivos? De todo modo, o instituto do abuso do poder não visa a coibir práticas isoladas, mas que são caras, mas sim pune aquelas práticas cuja exorbitância e gravidade sejam capazes de ferir a legitimidade e normalidade do pleito. E isso não deve ser flexibilizado.

O ABUSO DO PODER POLÍTICO

O abuso do poder político ou de autoridade tem sido definido pela doutrina, em linhas gerais, como a *utilização indevida dos aparatos do Estado com o intuito de influir em determinado pleito eleitoral*. José Jairo Gomes, ao tecer comentários sobre o instituto, afirma que "político é o vocabulário derivado de *polis*, que significa cidade, Estado. O poder político, consequentemente, *refere-se ao poder estatal*".[38]

De acordo com o autor, "é intuitivo que a máquina administrativa não possa ser colocada a serviço de candidaturas no processo eleitoral, já que isso desvirtuaria completamente a ação estatal, além de desequilibrar o pleito (...)".[39]

Para fins de caracterização da prática de abuso do poder político ou de autoridade, os Tribunais Eleitorais têm entendido pela necessidade de se verificar uma ação ou omissão praticada por (i) agente público, numa perspectiva *lato sensu*, e desde que este esteja (ii) no exercício das suas funções públicas.

Desse modo, a compra de votos praticada por um agente estatal, como, por exemplo, um vereador de município, não tem o condão de configurar o abuso do poder político, mas apenas e eventualmente um abuso do poder econômico, vez que tal prática não foi uma decorrência do exercício do seu poder público. O abuso do poder político se observaria, ao revés, caso o voto do eleitor fosse obtido em troca de cestas básicas ou programas assistenciais oferecidos pelo ente público, financiados com dinheiro do erário.

---

[38] GOMES, José Jairo, *op. cit.*, p. 316.
[39] *Ibidem.*

José Jairo Gomes ainda acrescenta que o conceito de abuso do poder é elástico, podendo se configurar por condutas muito diversas e por meio de atuação comissiva e também omissiva. Citando-o:

> Ante sua elasticidade, o conceito em foco pode ser preenchido por fatos ou situações tão variadas quanto os seguintes: uso, doação ou disponibilização de bens e serviços públicos, desvirtuamento de propaganda institucional, manipulação de programas sociais, contratação ilícita de pessoal ou serviços, ameaça de demissão ou transferência de servidor público, convênios urdidos entre entes federativos estipulando a transferência de recursos às vésperas do pleito.[40]

Em suma, entende-se que as eleições podem ser maculadas pelo desvirtuamento da máquina pública, quando a conduta é grave o suficiente para ferir a legitimidade do pleito. De todo modo, o legislador não enumerou quais condutas ensejariam tal desvirtuamento, devendo a análise ser feita pelo poder judiciário no caso concreto.

Não obstante, o direito eleitoral ainda se incumbe de trazer a previsão das condutas vedadas aos agentes públicos nos pleitos eleitorais, instituto que visa a resguardar uma paridade de armas entre os diversos candidatos ao pleito e que não se confundem com o abuso do poder político, apesar de serem muito semelhantes.

3.1 O abuso do poder político e as condutas vedadas aos agentes públicos em campanhas eleitorais

As condutas vedadas aos agentes públicos em campanhas eleitorais estão previstas nos arts. 73 a 78 da Lei nº 9.504/1997 de modo taxativo. Nos termos do *caput* do artigo 73, as condutas previstas são vedadas, pois têm o condão de "afetar a *igualdade de oportunidades* entre candidatos nos pleitos eleitorais". Ademais, a doutrina tradicional afirma que, para que essas se configurem, é dispensada qualquer análise da potencialidade ou gravidade a influir no resultado das eleições.

Isso ocorre porque, segundo Walber Agra, "há presunção legal de que a prática dessas condutas tende a afetar a igualdade de oportunidades entre candidatos nos pleitos eleitorais *não obstante o grau*

---

[40] *Ibidem.*

de sua repercussão".[41] Assim, na aplicação prática do instituto, deve ser observada uma mera subsunção do fato à norma.

Nas palavras de José Jairo Gomes:

> Tendo em vista que o bem jurídico protegido é a igualdade no certame, a isonomia nas disputas, *não se exige que as condutas proibidas ostentem aptidão ou potencialidade para desequilibrar o pleito ou alterar seu resultado.* Ademais, é desnecessária a demonstração do *concreto comprometimento ou dano efetivo às eleições, já que a "só prática da conduta vedada estabelece presunção objetiva da desigualdade"* (TSE – Ag. nº 4.246/MS – DJ 16-09-2005, p. 171).[42]

Destarte, caso as condutas vedadas fossem levadas a cabo, essas representariam um benefício eleitoral ao postulante a cargo eletivo que já possui acesso à máquina pública – ou que é apoiado por quem o tem –, importando em desvio de finalidade da atuação administrativa.

José Jairo Gomes entende, ademais, que o abuso do poder seria gênero do qual as condutas vedadas seriam espécie.[43]

De acordo com o estipulado no parágrafo 4º do artigo 73, a prática de uma conduta vedada acarreta, como consequência, "a suspensão imediata da conduta vedada, quando for o caso, e sujeitará os responsáveis a multa no valor de cem a cinco mil UFIR". Ainda, de acordo com o parágrafo 5º do mesmo artigo, o candidato beneficiado por qualquer das condutas vedadas, agente público ou não, "ficará sujeito à cassação do registro ou diploma".

Outrossim, o art. 1º, "j", da LC 64/90, prevê a inelegibilidade dos "que forem condenados, em decisão transitada em julgado ou proferida por órgão colegiado da Justiça Eleitoral, por corrupção eleitoral, por captação ilícita de sufrágio, por doação, captação ou gastos ilícitos de recursos de campanha ou por conduta vedada aos agentes públicos em campanhas eleitorais que impliquem cassação do registro ou do diploma, pelo prazo de 8 (oito) anos a contar da eleição".

Sendo assim, a prática de conduta vedada acarreta, não obstante a doutrina tradicional e a jurisprudência do Tribunal Superior Eleitoral entenderem que esta prescinde da análise da gravidade em influir no resultado do pleito, as mesmas consequências gravosas à capacidade eleitoral passiva da prática de abuso do poder.

---

[41] AGRA, Walber de Moura, *op. cit.*, p. 235.

[42] GOMES, José Jairo, *op. cit.*, p. 870.

[43] *Ibdem*, p. 389.

Percebe-se, com isso, um excessivo rigor punitivo, de modo que uma conduta vedada, isoladamente, mesmo que pouco grave, pode ser capaz de desconstituir milhares de votos validamente conferidos a um postulante.

Com isso, chegar-se-ia ao extremo de, sob o pretexto de se proteger uma presunção de igualdade entre os postulantes, lograr um resultado eleitoral verdadeiramente ilegítimo, pois o mandatário mais votado poderia ser destituído de seu cargo eletivo em razão de uma conduta de implicação prática irrelevante, que em nada deturpou a vontade da maioria.

Desse modo, a jurisprudência do Tribunal Superior Eleitoral começou a se posicionar acerca da necessidade de realização de *um juízo de ponderação* no caso concreto, a fim de verificar se as penas de cassação de registro ou de diploma são razoáveis de serem imputadas frente às condutas vedadas verificadas.

3.1.1 A imposição da sanção de cassação de registro e diploma nas condutas vedadas

Se, por um lado, é certo que as condutas vedadas estão previstas taxativamente na legislação, sendo configuradas por mero juízo subsuntivo, dispensando para a sua observância, portanto, segundo a jurisprudência dominante, a ideia de gravidade ou potencialidade para influenciar o pleito, os Tribunais Eleitorais começaram a se atentar para o dano à democracia que existiria caso o eleito, que se sagrou vencedor pelo crivo popular, tivesse o seu mandato desconstituído em razão da realização de conduta vedada de pouca repercussão prática.

Assim, escancarou-se o papel contramajoritário da Justiça Eleitoral que, não raro, é utilizada como um "terceiro turno" pelos demais postulantes ou, também, como uma via de moralização dos políticos, por aqueles que buscam afastar dos pleitos os "imorais" – mas não, necessariamente, aqueles que burlaram o resultado eleitoral.

Sendo assim, o Tribunal Superior Eleitoral fixou o entendimento *de que a ocorrência de conduta vedada não gera sempre, como consequência, a cassação do registro ou do diploma ao qual aduz o art. 73, §5º da Lei nº 9.504/1997*, mas que, para a aplicação dessas sanções, deve se aplicar o juízo de proporcionalidade, de modo que se a pena de multa estipulada for suficiente, não decorrerá a cassação.[44]

---

[44] Veja: "ELEIÇÕES 2012. AGRAVO REGIMENTAL. RECURSO ESPECIAL. REPRESENTA-ÇÃO. CONDUTA VEDADA. PUBLICIDADE INSTITUCIONAL. PERÍODO VEDADO.

O ABUSO DO PODER POLÍTICO | 47

Pode-se dizer que não há divergência, no Tribunal Superior Eleitoral, para a aplicação desse entendimento, cujo substrato central reside na ideia de que a pena de cassação do mandato ou diploma é extremamente gravosa para ser aplicada indistintamente a qualquer caso em que haja uma conduta vedada.[45]

Assim, chama-se a atenção para o fato de um consenso em torno da ideia de que as condutas na seara eleitoral podem ser reprováveis e reprimidas sem que tal repressão signifique, necessariamente, uma grave limitação aos direitos políticos dos postulantes, como é o caso da cassação de mandatos e consequente inelegibilidade.

Como já exposto no capítulo inaugural do presente trabalho, é certo que há uma criminalização da política, em que os políticos tidos como imorais são alijados do processo democrático, muitas vezes tendo os seus direitos políticos fundamentais desrespeitados.

DECADÊNCIA. INOCORRÊNCIA. GRAVIDADE. AUSÊNCIA. PRINCÍPIOS DA RAZOABILIDADE E DA PROPORCIONALIDADE. INCIDÊNCIA. DESPROVIMENTO.

1. A teor da jurisprudência desta Corte, a citação válida retroage à data da propositura da ação, não se podendo falar em prescrição ou decadência, pois a parte autora não pode ser penalizada pela demora que não deu causa -Súmula n° 106/STJ.

2. Na hipótese dos autos, consoante delineado no acórdão regional, a demora na regularização do polo passivo da demanda não decorreu por culpa da parte, mas sim por atraso na prestação do serviço judiciário, o que afasta a alegada decadência, conforme estabelece a Súmula n° 106 do STJ.

3. O Tribunal concluiu que, embora seja inconteste a existência da publicidade institucional no sítio do Município de Vieiras/MG, os princípios da razoabilidade e da proporcionalidade deveriam ser aplicados ao caso, haja vista ser desarrazoada a decretação de inelegibilidade ou cassação do diploma dos recorrentes, bem como a aplicação de multa acima do mínimo legal, ante a ausência de gravidade.

4. *Tal entendimento encontra-se em harmonia com o posicionamento fixado nesta Corte, segundo o qual "o dispositivo do art. 73, 5º, da Lei nº 9.504/97, não determina que o infrator perca, automaticamente, o registro ou o diploma. Na 'aplicação desse dispositivo reserva-se a magistrado o juízo de proporcionalidade. Vaie dizer: se a multa cominada no §40 é proporcional à gravidade do ilícito eleitoral, não se aplica a pena de cassação"* (AI n° 5.343/RJ, Rei. Min. Humberto Gomes de Barros, DJ de 4.3.2005).

Agravo Regimental não provido."

AgR-Respe nº 317-15.2012.6.13.0290/MG, Rel. Ministra Luciana Lóssio.

[45] Agravo Regimental. Recurso Especial. Representação. Condutas Vedadas. Art. 73 da Lei nº 9.504/97. Fatos e provas. Exame. Impossibilidade. Princípio da Proporcionalidade. Observância Precedentes.

1. O recurso especial não se mostra adequado para o exame do acervo fático-probatório dos autos (Súmula nº 279 do Supremo Tribunal Federal).

2. *Em razão de sua gravidade, a pena prevista no §5º do art. 73 da Lei nº 9.504/97 há de se observar o princípio da proporcionalidade.*

3. Precedentes.

Agravo regimental a que se nega provimento. (AgResp nº 25.573-SC. Relator Ministro Caputo Bastos. DJ de 11.12.2006).

Cassar um mandatário ou torná-lo inelegível sem que se encare a sua cassação como medida extremamente necessária e adequada (e, portanto, proporcional), mas sim como se essa fosse a única punição possível, não parece ter guarida na ordem constitucional brasileira.

Assim, o entendimento aplicado na temática das condutas vedadas, de se fazer uma gradação das condutas no momento da dosimetria da pena, aplicando a sanção pecuniária do art. 73, §4º da Lei nº 9.504/97, em detrimento da cassação, para casos menos significantes, é louvável. Isso se dá porque a aplicação da pena pecuniária atende às funções de repressão e prevenção, mas sem importar em uma limitação aos direitos políticos dos candidatos.

Entretanto, acredita-se que o avançar da jurisprudência, apesar de louvável, é tímido, pois foca no juízo da proporcionalidade, mas não na verificação de gravidade da conduta, o que se mostra necessário, conforme se passará a expor.

3.1.2 A gravidade como juízo necessário para a aplicação das sanções de cassação de registro e diploma no caso das condutas vedadas aos agentes públicos em campanhas eleitorais: o microssistema do abuso do poder

Como exposto no tópico anterior, a doutrina diferencia as condutas vedadas do abuso do poder político pela ideia de que, nas condutas vedadas, há uma presunção objetiva de desigualdade entre os postulantes, pouco importando o "grau de sua repercussão", dispensando-se, portanto, o juízo de gravidade da conduta para a sua caracterização.

Ocorre que tal entendimento, caso levado a cabo também para a imposição das sanções de cassação de registro ou diploma e a inelegibilidade a qual se refere o art. 1º, j, da LC 64/90, importaria em extrema violação aos direitos políticos fundamentais dos postulantes, que poderiam ter sua capacidade eleitoral passiva desrespeitada em razão de conduta típica, mas pouco grave, e que, no caso concreto, não teve o condão de macular o pleito.

A jurisprudência do Tribunal Superior Eleitoral passou a observar o princípio da proporcionalidade no momento da dosimetria da pena, não aplicando a sanção de cassação de registro ou diploma para os casos em que referidas penas se mostravam excessivamente gravosas, imputando apenas a sanção pecuniária.

A atenção ao princípio da proporcionalidade no momento da dosimetria da pena, apesar de progressista, ainda assim evidencia uma incongruência do sistema jurídico eleitoral brasileiro: as condutas vedadas, como já citado, são espécies do gênero abuso do poder político [de] modo que não se pode admitir as consequências gravosas do referido instituto (cassação do registro ou diploma e inelegibilidade) sem que se verifique a gravidade da conduta.

Não existe abuso de poder sem gravidade que o caracterize – e não há razão para o tratamento diferenciado entre as condutas vedadas e o abuso do poder político, *desde que* a conduta observada seja grave o suficiente, a ponto de ferir a legitimidade das eleições.

É importante frisar tal posicionamento, pois a observância apenas da proporcionalidade no momento da dosimetria da pena pode se assemelhar ao conceito de bagatela (isto é, caso a conduta seja irrisória, ela não será punível com a cassação do registro ou diploma), o que não é desejável. Em tema de restrição a direitos fundamentais, como é a capacidade eleitoral passiva, fazem-se necessários critérios mais objetivos e, portanto, seguros.

A gravidade é baliza mais firme em favor da segurança jurídica, do papel contramajoritário da justiça eleitoral e do respeito, por parte do Estado, aos direitos políticos fundamentais dos postulantes.

O que se propõe, portanto, é que se atualize o instituto das condutas vedadas. É certo que tal instituto se propõe a proteger a igualdade entre os postulantes, mas não há mais espaço, tendo em vista os princípios constitucionais em jogo, para se defender uma presunção cega de violação à igualdade eleitoral nos casos das condutas vedadas aos agentes públicos em campanhas eleitorais.

É preciso, portanto, atentar-se para o caso concreto a fim de se atestar se o bem jurídico da igualdade – mas, também, da legitimidade do pleito – foi afetado, observando, para isso, a baliza da gravidade.

É sabido que tal proposta representa uma quebra de paradigma no instituto das condutas vedadas e subverte aquilo que tradicionalmente vem sendo aplicado.

Entretanto, tal entendimento já fora trazido à baila em julgado do Tribunal Superior Eleitoral, notadamente no Agravo Regimental no Recurso Especial 25.671/04, de relatoria do Ministro Caputo Bastos, cuja tese do relator se sagrou vencedora por unanimidade.

O caso versava acerca de pronunciamento, em rádio local, do Prefeito do Município de Dolcinópolis/SP, que, segundo alegado pela Procuradoria Regional Eleitoral em seu recurso especial, configurava a conduta vedada prevista no art. 73, VI, c, da Lei nº 9.504/97. Assim, a Procuradoria Eleitoral afirmou que a conduta vedada pelo dispositivo legal seria ilícito de mera conduta, "vale dizer: a simples prática do fato já caracteriza o ilícito e dá ensejo às punições pertinentes, independente de seu potencial para desequilibrar o pleito".

O Ministro Caputo Bastos, relator do acórdão, entendeu, verificando as particularidades do caso concreto, notadamente a forma indireta utilizada no discurso veiculado, que a conduta não teria apresentado aptidão para comprometer o equilíbrio entre os participantes da disputa eleitoral, afastando, assim, qualquer presunção legal acerca do desequilíbrio do pleito.

Outrossim, ele criticou aquilo que chamou de "equívoco da jurisprudência da casa" de dispensar o requisito da potencialidade no campo das condutas vedadas aos agentes públicos em campanhas eleitorais.

O que mais chama atenção em seu voto, contudo, é que ele propõe uma interpretação sistemática para a aplicação das sanções no direito eleitoral, comparando, assim, as condutas vedadas com o abuso do poder. Citando-o:

> Enfatizo, em reforço ao que já expressei na decisão que proferi, que a jurisprudência, a meu sentir, deve primar por uma interpretação sistemática, de sorte que, qualquer conduta passível de alguma tipicidade e conseqüente penalidade, seja avaliada tendo como premissa as mesmas perspectivas.

> Não me parece razoável, por exemplo, que o denominado abuso de poder (econômico ou político), previsto no art. 22 as LC nº 64/90, esteja condicionado a menor ou maior potencialidade, para que dele resulte a decretação de inelegibilidade e, com relação às condutas vedadas, se utilize medida diversa, quando da aplicação da penalidade pertinente.

De fato, como já exposto aqui, as premissas teóricas que serviram para justificar uma valoração diferenciada entre as condutas vedadas e o abuso do poder político não subsistem.

Isso ocorre porque nenhuma ação pode ser tão grave a ponto de isoladamente comprometer a igualdade entre os postulantes e ferir a legitimidade do pleito, de modo que tal análise caberá, frise-se, ao caso concreto. Não há espaço, ademais, para que seja justificada a limitação dos direitos políticos fundamentais, representados pela cassação do registro ou diploma e pela inelegibilidade, sem a efetiva gravidade da ação, sob pena de fazer com que a justiça eleitoral valide um terceiro turno e se sobreponha à vontade da maioria – o que parece ser o desejo de muitos.

Desse modo, é oportuno citar o posicionamento do Ministro Gilmar Mendes esboçado em seu voto no Resp. 24.739/SP (publicação em 28.10.04), em que ele pugna pela necessidade de se observar critérios mais rígidos para a aplicação daquilo que chama de "efeitos rigorosos" da prática das condutas vedadas, notadamente as penalidades de cassação de registro ou diploma. Ele afirma, assim, que parte de "uma premissa segundo a qual a intervenção do Tribunal Superior Eleitoral no processo eleitoral há de se fazer com o devido cuidado para que não haja alteração da própria vontade popular".

Portanto, no presente trabalho se propõe que as condutas vedadas aos agentes públicos em campanhas eleitorais sejam encaradas como integrantes daquilo que se convém denominar de "microssistema do abuso do poder", de modo que, para que se apliquem as severas restrições aos direitos políticos previstas no art. 73, §5º, da Lei nº 9.504/97, seja observado não apenas o princípio da proporcionalidade no momento da dosimetria da pena, conforme já vem sendo exigido pelo avanço jurisprudencial, mas sim a baliza da gravidade das circunstâncias previsto no art. 22, XVI, da LC 64/90.

De todo modo, não se pretende abolir a ideia de que as condutas vedadas são observadas por um juízo meramente subsuntivo, mas se propõe que a subsunção do fato à norma é capaz de dar ensejo à pena pecuniária. Além disso, para ser decidido pela cassação do registro ou do diploma e consequente inelegibilidade – as mesmas consequências da prática de abuso do poder –, é necessário que se verifique a gravidade da conduta para *violar a legitimidade do pleito*. Caso contrário, ter-se-ia uma atuação claramente contramajoritária da Justiça Eleitoral.

3.2 A proposta de um novo conceito de autoridade para fins de abuso do poder

Como exposto no início deste capítulo, o abuso do poder político ou de autoridade nas campanhas eleitorais vem sendo definido, pela doutrina especializada e de acordo com os julgados dos Tribunais Eleitorais, como a utilização indevida, por agente público, dos aparatos estatais, com vistas a desequilibrar o pleito. Assim, são inúmeros os julgados em que a prática de abuso de autoridade fora afastada em razão da ausência de vínculo do sujeito do abuso com a administração pública.

Desse modo, o Tribunal Superior Eleitoral aplica, até os dias atuais, o entendimento segundo o qual a autoridade a quem a lei eleitoral veda o desvio de suas funções para o desvirtuamento do pleito é a autoridade pública.

Entretanto, no julgamento do REsp 287-84.2012, do Paraná, que versava acerca da possibilidade de punir um cacique de aldeia indígena pela prática de abuso de autoridade, o Ministro Luiz Fux, em seu voto, questionou o conceito até então utilizado para "autoridade" e concluiu pela possibilidade de responsabilização de um cacique indígena, não obstante este não possuir qualquer vínculo com a administração pública.

Desde então, outros Ministros do Tribunal Superior Eleitoral já acenaram, em seus votos, para a possibilidade de superação do entendimento tradicional a fim de acatar um conceito mais amplo de autoridade na temática do abuso do poder, o que será detalhado a seguir.

3.2.1 O caso do cacique da aldeia indígena: Recurso Especial 287-84.2012

O Recurso Especial 287-84.2012, de relatoria do Ministro Henrique Neves, julgado pela corte em 15 de dezembro de 2015, consistia em pedido do Ministério Público Eleitoral de reforma do acórdão proferido pelo Tribunal Regional Eleitoral do Paraná que julgou improcedente ação de investigação judicial eleitoral proposta contra Dirceu Retanh Pereira Santiago, cacique da aldeia indígena de Ivaí e então candidato ao cargo de vereador no Município de Manoel Ribas/PR, bem como de Maurílio Viana Pereira e José Vieira da Rosa, segundos colocados aos cargos de prefeito e vice-prefeito na mesma localidade e candidatos apoiados pelo cacique.

A causa de pedir da ação de investigação judicial eleitoral consistia em eventual abuso do poder político praticado pelo cacique Dirceu no território da aldeia indígena Ivaí. Em relação aos fatos, o acórdão recorrido afirmou que o cacique, em razão do seu poder de mando, ameaçou expulsar diversas pessoas residentes na aldeia, professores e agentes de saúde que laboravam no território, caso não votassem no candidato de sua predileção.

Ademais, constou do voto divergente que os índios participaram de evento para filiação compulsória ao Partido Progressista, agremiação do candidato apoiado pelo cacique, bem como que fora constatada por oficiais da justiça eleitoral, em diligência realizada no território, a presença "quase que em sua totalidade" de propaganda eleitoral em nome dos candidatos apoiados pelo cacique Dirceu, bem como que não fora permitido o acesso de outros candidatos dentro da reserva durante a campanha eleitoral.

O candidato apoiado pelo cacique, Maurílio Viana, logrou o segundo lugar na disputa municipal, com um total de 2.523 (dois mil, quinhentos e vinte e três) votos, ao passo que a primeira colocada, Elizabeth Stipp Camilo, obteve 2.851 (dois mil, oitocentos e cinquenta e um) votos. Não obstante, nas urnas instaladas na aldeia, o candidato Maurílio obteve 461 (quatrocentos e sessenta e um) votos, de um total de 516 (quinhentos e dezesseis) votos daquelas urnas; já a candidata vencedora obteve apenas 6 (seis) votos naquelas urnas.

Tal contexto fático faz saltar aos olhos a reprovabilidade das condutas realizadas pelo cacique, de modo que, neste caso, a discussão principal travada nos autos não versou sobre a análise da gravidade da conduta para fins de caracterização do abuso, mas sim em definir se o cacique da aldeia indígena poderia ser enquadrado como autoridade para fins de abuso do poder.

O acórdão do Tribunal Regional Eleitoral do Paraná entendeu pela não responsabilização do cacique como sujeito do abuso, concluindo que "quem comete o abuso de autoridade ou abuso do poder político deve estar investido de alguma espécie de poder atribuído pelo Estado".

É a passagem extraída do acórdão do TRE/PR:

> Por um lado, é notável a influência que uma liderança pode exercer sobre eleitores de um determinado grupo social na escolha de um candidato, sendo comum que figuras como líderes religiosos, comunitários e indígenas exteriorizem sua intenção de voto e conclamem seus seguidores a votar no mesmo candidato. De outra feita, não havendo relação deste líder com a Administração Pública, não é possível falar em abuso de autoridade ou abuso do poder político, *já que o abuso punível pela legislação eleitoral pressupõe que o praticante da conduta possua, em alguma medida, uma atribuição típica de agente público.*

Desta feita, foi interposto, pelo Ministério Público Eleitoral, o Recurso Especial. O Ministro Relator no Tribunal Superior Eleitoral, Henrique Neves, em seu voto, emanado em sessão proferida em 19 de agosto de 2014, pontuou que os fatos eram "preocupantes", tendo acrescentado que estes inclusive culminaram no fechamento das seções eleitorais localizadas no interior da Reserva Indígena.

Entretanto, o Ministro Relator pontuou que tanto a Constituição como a LC 64/90, quando falam em "abuso do poder político" expressamente, referem-se ao abuso do exercício de cargo ou função da administração direta ou indireta. Em suas palavras:

> A influência do poder político para o direito eleitoral, portanto, pressupõe a prática abusiva derivada do exercício de cargos públicos, ou seja, o desvirtuamento das relações entre o Estado, os representados por seus agentes e os cidadãos. Em outras palavras, a anormalidade detectada nas relações entre os governantes e os governados.

Assim, o Ministro concluiu pela manutenção do acórdão regional, mas, por observar fatos e situações que poderiam caracterizar, em tese, crimes contra a liberdade do voto e o livre exercício da propaganda eleitoral, decidiu por também determinar a remessa de cópias ao *parquet* para as medidas cabíveis de apuração e, se for o caso, responsabilização penal.

O Ministro Luiz Fux pediu vista dos autos e, em seu voto, traçou um novo paradigma para a temática.

3.2.1.1 O cacique indígena como sujeito do abuso do poder de político ou de autoridade numa perspectiva do multiculturalismo

O Ministro Luiz Fux, ao proferir o seu voto no REsp 287-84.2012, em sessão realizada em 15 de dezembro 2015, ampliou o espectro da discussão ao entender que a controvérsia travada nos autos não deveria se limitar a definir se poderia ser imputada a prática de abuso do poder político ou de autoridade em juízo meramente subsuntivo ao cacique da aldeia indígena, mas sim buscou problematizar, com base no direito à diferença, o alcance desse instituto jurídico a grupos tradicionais como os indígenas e os quilombolas.

Assim, para o Ministro Luiz Fux, o paradigma do multiculturalismo suporta o direito à diferença e ao reconhecimento de grupos não hegemônicos, de modo que "as comunidades tradicionais ostentam o direito de viver de acordo com os seus costumes, valores e tradições, sem, no entanto, desaguar em um relativismo ético radical que poderia comprometer os direitos humanos universais dos membros destas mesmas coletividades".

Desse modo, ele concluiu que o cacique indígena se qualifica, juridicamente, como autoridade. Em suas palavras:

> Com efeito, dentro das tradições e costumes das aldeias indígenas, os caciques ostentam uma inobjetável liderança política, de modo que, dado os vínculos mais estreitos entre os membros da comunidade e os valores compartilhados entre eles, é natural que eles [os caciques] conduzam as diretrizes políticas e tomem as decisões mais relevantes.

O Ministro pontuou, ademais, que a impossibilidade de se fazer uma interpretação extensiva para excluir do polo passivo da ação de investigação judicial eleitoral o cacique da aldeia indígena acarretaria "uma indesejada lacuna normativa, que, no limite, pode subtrair do âmbito de incidência da norma situações potencialmente atentatórias aos bens jurídicos acobertados pelos comandos legais, *i.e.* liberdade do voto, a normalidade e legitimidade das eleições".

Assim, a conclusão alcançada pelo ministro é no sentido da possibilidade do enquadramento do cacique como sujeito do abuso do poder sempre que atentar contra os bens jurídicos tutelados pela norma eleitoral, quais sejam, a liberdade de voto, a normalidade e a legitimidade das eleições.

Não obstante, neste caso concreto, apesar de reconhecer a autoridade exercida pelo cacique, afastou-se a prática de abuso do poder político ou de autoridade, vez que, ao aplicar o direito à diferença, "reputou ser natural que a autoridade política da tribo indígena conduza politicamente os rumos de seu grupo".

Por fim, o Ministro afirmou que não há uma excludente de ilicitude eleitoral absoluta aos caciques, defendendo apenas que não haverá o abuso do poder político ou de autoridade sempre que estes conduzirem os rumos políticos de sua aldeia ou tribo. Por sua vez, a responsabilização dessas autoridades estaria condicionada à prova do efetivo abuso nas suas atribuições de liderança:

> Em suma, o ordenamento jurídico pune o abuso de poder político e de autoridade, e não o seu exercício, razão pela qual os atos praticados pelo cacique necessitam passar pelo filtro do direito à diferença e ao reconhecimento, passagem que fatalmente transmuda uma conclusão açodada de abuso, calcada no direito oficial, em exercício legítimo e ordinário de um costume sedimentado.

Sendo assim, o voto do Ministro Luiz Fux representa verdadeira quebra de paradigma na temática, porque, apesar de naquele caso específico não ter responsabilizado o cacique indígena por abuso do poder político ou de autoridade, inovou para permitir que outros sujeitos que não apenas aqueles que possuem vínculo com a administração pública possam ser enquadrados como autoridade para fins de abuso do poder.

É certo que deve ser feita a ressalva de que a possível inovação jurisprudencial proposta pelo Ministro Luiz Fux, naquele momento, teve a sua argumentação baseada no multiculturalismo e no direito à diferença das comunidades tradicionais que têm em seus caciques ou líderes verdadeiras autoridades políticas, de modo que, ao que parece, não significou uma porta aberta para que qualquer autoridade socialmente aceitável também pudesse ser enquadrada como sujeito do abuso do poder de autoridade.

De todo modo, a posição do Ministro Luiz Fux não chegou a ser detidamente analisada pelos demais membros da corte. Como tanto o voto do Ministro Relator Henrique Neves quanto o voto-vista do Ministro Luiz Fux desdobraram na mesma conclusão, isto é, opinaram pelo desprovimento do recurso especial do Ministério Público Eleitoral, a corte não se posicionou acerca de uma amplitude do conceito de autoridade para fins de abuso do poder.

No entanto, essa questão foi novamente trazida à baila no julgamento do RO 26530/RO, em que se discutiu a existência, no ordenamento, da figura do abuso do poder religioso.

3.2.2 O Recurso Ordinário 26530/RO: O "abuso do poder religioso" e o conceito de autoridade

No julgamento do Recurso Ordinário 26.530, de Roraima, pelo Tribunal Superior Eleitoral, discutiu-se, em suma, a possibilidade de configuração como abuso do poder religioso de atos praticados por líderes religiosos em benefício de determinadas candidaturas, que violassem a ideia de liberdade do voto, a paridade de armas e a legitimidade do pleito.

O Tribunal Regional Eleitoral de Rondônia havia julgado procedente a Ação de Investigação Judicial Eleitoral para declarar a inelegibilidade dos investigados João Aparecido Cahulla e Joarez Jardim, candidatos aos cargos de Governador e Vice-Governador não eleitos, Ivo Narciso Cassol, candidato ao cargo de Senador eleito, Ari Saraiva, candidato ao cargo de deputado estadual não eleito, e Valdemiro Santiago, pastor da Igreja Mundial do Poder de Deus, para as eleições que se realizassem nos três anos posteriores à eleição de 2010, pela prática de abuso do poder de autoridade e econômico, bem como pelo uso indevido dos meios de comunicação social.

Isso ocorreu porque, durante o pleito de 2010, os candidatos investigados compareceram a evento custeado pela Igreja Mundial do Poder de Deus, comandado pelo investigado e pastor Valdemiro Santiago e transmitido pela televisão e internet, que teria sido utilizado para o benefício daquelas candidaturas.

O evento contou com a presença de elevada quantidade de pessoas, e houve a apresentação de cantores religiosos antes da participação de Valdemiro. Em sua fala, ele abençoou os então candidatos Ivo Cassol e João Cahulla, tecendo inúmeros elogios a eles, abençoando "a vida, o projeto, os caminhos" e "declarando vitória". Ele também afirmou que o evento só foi possível de ser realizado graças a Deus e aos investigados; disse que gostaria muito que aqueles homens "continuassem autoridades" naquele estado e conclamou os presentes a ajudá-lo a fazer com que isso acontecesse, bem como fez uma oração, juntamente com a plateia do evento, pela vida dos investigados.

O relator do caso, Ministro Henrique Neves, entendeu, baseado no princípio constitucional da liberdade de consciência e de crença (art. 5º, IV, CRFB), que não se poderia reconhecer a existência de um abuso do poder religioso. Ele pontuou que "a liberdade de expressão religiosa não pode ser tolhida mediante a seleção prévia de quais assuntos poderiam ou não ser objeto de comentário pelo representante da igreja, impondo-lhe um inconstitucional mutismo em relação ao livre debate de temas políticos".

Para ele, portanto, os líderes religiosos têm o direito de abordar em seus sermões os temas mais importantes para a sociedade, inclusive os temas políticos relevantes que afligem a comunidade, e concluiu:

> Portanto, é absolutamente lícito e constitucionalmente assegurado que os sacerdotes e pregadores enfrentem em seus discursos, nas homílias, sermões, preleções ou reflexões os temas políticos que afligem a sociedade e possam, livremente, adotar posições sobre os problemas da sociedade, expondo suas opiniões e seus conselhos sobre o tema.
>
> Por outro lado, nada impede que os candidatos e partidos políticos abracem a defesa de causas religiosas.

Não obstante, o Ministro apontou que a liberdade religiosa não afasta os demais princípios constitucionais e que, a partir de tais parâmetros, a Lei das Eleições impõe limites à participação financeira das igrejas nas campanhas eleitorais,[46] de modo que a estas são vedadas as doações para campanhas eleitorais, assim como a realização de propaganda eleitoral em bens de uso comum do povo.[47] Destarte, concluiu que, "pela análise sistemática das normas vigentes, a proteção à livre manifestação de crença e a liberdade religiosa não atingem ou amparam situações em que o culto religioso é transformado em ato ostensivo de propaganda, com a presença e o pedido de voto em favor dos candidatos".

Desse modo, pontuou que as práticas vedadas às igrejas, além das sanções pecuniárias previstas na Lei nº 9.504/97 para a propaganda irregular e arrecadação de recursos provenientes de fontes vedadas, poderiam ser examinadas como abuso do poder econômico e utilização indevida dos meios e veículos de comunicação.

No caso dos autos, entretanto, o Ministro entendeu que os fatos estariam concentrados "em um único evento, realizado no interior do estado, que se demonstrou ter sido transmitido apenas pela internet", de modo que a prática abusiva não foi caracterizada em razão do não reconhecimento do requisito da potencialidade para influenciar no resultado do pleito, que era indispensável para a caracterização do instituto à época.

Por sua vez, ao analisar a prática de abuso de autoridade exercida pelos investigados, pontuou que a jurisprudência do TSE tem como entendimento dominante que esse tipo de abuso se caracteriza quando há, em suma, agente público valendo-se de sua posição funcional para desequilibrar o pleito.

Entretanto, afirmou "não desconhecer" aquilo que chamou de "sólida manifestação do Ministro Luiz Fux no precedente em que o Tribunal apreciou atos praticados por cacique de aldeia indígena, *no*

---

[46] Art. 24, VIII, Lei nº 9.504/97: É vedado, a partido e candidato, receber direta ou indiretamente doação em dinheiro ou estimável em dinheiro, inclusive por meio de publicidade de qualquer espécie, procedente de: (...)
VIII – *entidades beneficentes e religiosas*;

[47] Art. 37, Lei nº 9.504/97: Nos bens cujo uso dependa de cessão ou permissão do poder público, ou que a ele pertençam, e nos bens de uso comum, inclusive postes de iluminação pública, sinalização de tráfego, viadutos, passarelas, pontes, paradas de ônibus e outros equipamentos urbanos, é vedada a veiculação de propaganda de qualquer natureza, inclusive pichação, inscrição a tinta e exposição de placas, estandartes, faixas, cavaletes, bonecos e assemelhados.
§4º Bens de uso comum, para fins eleitorais, são os assim definidos pela Lei nº 10.406, de 10 de janeiro de 2002 – Código Civil *e também aqueles a que a população em geral tem acesso*, tais como cinemas, clubes, lojas, centros comerciais, *templos*, ginásios, estádios, ainda que de propriedade privada.

sentido de dar uma maior amplitude ao conceito de autoridade como contido no ordenamento jurídico eleitoral, 'para considerar, neste conceito, as pessoas que possuem autoridade cultural ou religiosa própria, que as destacam perante a sociedade'". De todo modo, não conheceu do abuso do poder de autoridade pela mesma razão da ausência de potencialidade da conduta.

O Ministro Luiz Fux, ao emanar seu voto no caso, acompanhou o relator e afirmou que "no caso, não existe abuso do poder religioso, seria o abuso do poder político via religião"; afirmou ainda que as premissas teóricas assentadas no caso são importantes para mostrar que não se está dando "carta branca para que o evento religioso se transmude em propaganda eleitoral".

O Ministro Gilmar Mendes, por sua vez, pediu vista dos autos e, em seu voto, quando analisou a possibilidade de o abuso do poder religioso figurar como causa de pedir de uma AIJE, entendeu que o art. 22 da LC 64/90 visa a apurar o uso indevido, desvio ou abuso do "poder de autoridade", e pontuou que "a expressão "abuso de autoridade" seria mais ampla que "abuso do poder político".

Entretanto, entendeu que a discussão acerca da amplitude do conceito de autoridade para fins de abuso do poder seria desnecessária, uma vez que, no caso, era fato incontroverso que as situações narradas também poderiam, em tese, ser enquadradas como abuso do poder econômico e uso indevido dos meios de comunicação social. Não obstante, concluiu que, igualmente, inexistiu nas condutas analisadas a potencialidade necessária para a configuração da prática abusiva.

Assim, por unanimidade, o Tribunal proveu os recursos apresentados a fim de julgar improcedente os pedidos formulados nas Ações de Investigação Judicial Eleitoral.

3.2.3 O Recurso Especial Eleitoral 8285/GO e a rejeição da tese do "abuso do poder de autoridade religiosa"

No julgamento do Recurso Especial Eleitoral 0000082-85.2016. 6.09.0139, ocorrido em 2020,[48] o TSE enfrentou caso em que os fatos diziam respeito exclusivamente à intervenção do elemento espiritual na captação de votos, sem situar o fator religioso em conexão com as outras formas de abuso de poder legalmente previstas.

---

[48] Tribunal Superior Eleitoral. Recurso Especial Eleitoral nº 8285/GO. Relator Ministro Edson Fachin. *Diário de Justiça Eletrônico* de 06/10/2020.

O caso versava sobre um discurso religioso de cerca de 2 minutos e 50 segundos de duração, para aproximadamente 30 a 40 pessoas, feito pela candidata investigada, em sua instituição religiosa, no município de Luziânia/GO.

O relator, Ministro Edson Fachin, entendeu que, no caso concreto, não havia circunstâncias suficientes a ensejar a cassação, fosse pelo aspecto quantitativo, relacionado à pouca duração do evento e ao alcance restrito, ou fosse pelo aspecto qualitativo, vez que o tom do discurso se resumiu ao pedido de apoio aos fiéis.

No entanto, propôs que, a partir das eleições de 2020, restasse assentada a "viabilidade do exame jurídico de formas atípicas do abuso de poder no âmbito das ações de investigação judicial eleitoral, englobando o abuso do poder de autoridade religiosa". A proposta de delimitação temporal para a aplicação do instituto se deu em obediência ao princípio da segurança jurídica, que impedia a sua não aplicação a situações pretéritas.

Para o Ministro, o art. 22, *caput*, da LC 64/90 permite abarcar, dentro do conceito de autoridade, os atos emanados pelos dirigentes eclesiásticos, tendo o legislador feito a opção de ser mais abrangente do que o Constituinte na redação do art. 14, §9º, da CF.

Ao abrir a divergência, o Ministro Alexandre de Morais votou conforme o relator para dar provimento ao recurso, mas foi contrário à fixação de uma tese genérica para a aceitação do abuso do poder de autoridade religiosa a partir das eleições de 2020.

Em seu pedido de vista, o Ministro Tarcisio Vieira de Carvalho Neto se manifestou no sentido de não aderir à tese do exame do abuso do poder da autoridade religiosa. Em seu voto, consignou que o "constituinte foi expresso ao delimitar a possibilidade de cominação da inelegibilidade no 'abuso do exercício de função, cargo ou emprego na administração direta ou indireta', de forma que a terminologia legal de 'abuso de autoridade' não pode se distanciar da densidade expressamente delimitada na norma hierarquicamente superior". Uma vez que a liberdade de crença não é absoluta, entendeu que caberia a reprimenda na seara do abuso do poder econômico.

Nesse mesmo sentido foi o voto do Ministro Jorge Mussi, para quem há a possibilidade de se "punir o abuso de poder praticado por autoridade religiosa quando ele se reveste das figuras típicas previstas no art. 14, §9º, da CF e no art. 22, *caput*, da LC 64/90, ou seja, quando verificada a ocorrência do abuso do poder econômico, político ou midiático". Para o Ministro, o "sancionamento do 'abuso do poder religioso' deve decorrer de expressa previsão legal, tendo em vista a magnitude da proteção constitucional à liberdade religiosa em suas diversas dimensões".

O Ministro Sérgio Banhos, em seu voto, entendeu que não é possível amoldar o abuso do poder religioso na modalidade alusiva ao abuso de poder de autoridade. Para ele, as práticas religiosas devem seguir sendo coibidas como abuso do poder econômico e uso indevido dos meios de comunicação social. Constou de seu voto que "a punição do abuso do poder religioso contribuiria, presumivelmente, para um controle, por parte da Justiça Eleitoral, do conteúdo de temas vinculados à religião, significativamente permeados por relações de legalidade e obediência".

O Ministro Luís Roberto Barroso, último a votar, pontuou que, apesar da discussão travada na Corte buscar enquadrar os fatos como abuso do poder econômico ou abuso de autoridade, entende que o legislador previu o abuso do poder religioso de modo expresso na legislação. Segundo ele, a lei busca afastar a mistura entre poder religioso e eleições nos arts. 37, §4º e 24, VIII, da Lei das Eleições.

Em relação à tese do abuso do poder religioso como algo que possa estar contido no abuso de autoridade, o Ministro Barroso entendeu por admitir a extensão da norma, em tese, para além dos ocupantes de cargos públicos, desde que haja algum tipo de relação hierárquica ou autoridade moral. No entanto, pontuou que as reflexões precisavam ser amadurecidas e concluiu por não avançar na tese proposta pelo relator, pois não havia substrato fático que permitisse balizar a discussão de forma mais segura.

Ao final, os Ministros deliberaram sobre se rejeitariam a tese do abuso do poder religioso como figura autônoma ou se a questão seguiria aberta para futuras discussões, vez que, no caso concreto, houve um consenso a respeito do desprovimento do recurso. A maioria dos Ministros votou por, expressamente, rejeitar a tese do Relator, de modo a ficar assentado que o TSE não entende que o abuso do poder de autoridade religiosa existe como figura autônoma.

3.2.4 Considerações acerca de uma leitura ampliativa do conceito de autoridade para fins de abuso do poder

Como ressaltado nos tópicos acima, alguns ministros do Tribunal Superior Eleitoral sinalizaram em seus votos a possibilidade de uma alteração em suas interpretações para ampliar o conceito de "autoridade" tradicionalmente utilizado na jurisprudência eleitoral para fins de abuso do poder político.

A ideia de que o sujeito do abuso do poder político ou de autoridade deve possuir vínculo com a administração pública decorre da leitura do art. 14, §9º, do texto constitucional, assim como do art. 19 da Lei Complementar 64/90, que, em sua literalidade, dispõem:[49]

> Art. 14, §9º, CRFB: Lei complementar estabelecerá outros casos de inelegibilidade e os prazos de sua cessação, a fim de proteger a probidade administrativa, a moralidade para exercício de mandato considerada vida pregressa do candidato, e a *normalidade e legitimidade das eleições contra a influência do poder econômico ou o abuso do exercício de função, cargo ou emprego na administração direta ou indireta.*
>
> (...)
>
> Art. 19, LC 64/90: As transgressões pertinentes à origem de valores pecuniários, abuso do poder econômico ou político, em detrimento da liberdade de voto, serão apuradas mediante investigações jurisdicionais realizadas pelo Corregedor-Geral e Corregedores Regionais Eleitorais.
>
> Parágrafo único. A apuração e a punição das transgressões mencionadas no caput deste artigo terão o objetivo de proteger a normalidade e legitimidade das eleições contra a influência do poder econômico ou *do abuso do exercício de função, cargo ou emprego na administração direta, indireta e fundacional da União, dos Estados, do Distrito Federal e dos Municípios.*

Entretanto, o art. 22 da LC 64/90, que trata acerca da Ação de Investigação Judicial Eleitoral, traz uma redação diferente, dispondo apenas que se poderá representar à Justiça Eleitoral pedindo a abertura de investigação judicial para apurar o desvio ou abuso do "poder de autoridade", sem qualquer complementação quanto à qualificação dessa autoridade:

---

[49] Essa fundamentação está bem explicitada na seguinte passagem de voto exarado pelo Min. Henrique Neves no REsp 287-84.2012:
(...) Porém, o poder do cacique realmente não se confunde com o poder político ou de autoridade tratado no art. 19 da Lei Complementar nº 64, de 1990, que faz expressa referência, em seu parágrafo único, ao *"abuso do exercício de função, cargo ou emprego na administração direta, indireta e fundacional da União, dos Estados, do Distrito Federal e dos Municípios"*.
A Lei Complementar nº 64 foi editada a partir do disposto no §9º da Constituição da República (...).
Assim, tanto o texto constitucional como a lei complementar quando falam em abuso do poder político expressamente se referem ao abuso do exercício de cargo ou função da administração direta ou indireta.

Art. 22. Qualquer partido político, coligação, candidato ou Ministério Público Eleitoral poderá representar à Justiça Eleitoral, diretamente ao Corregedor-Geral ou Regional, relatando fatos e indicando provas, indícios e circunstâncias e pedir abertura de investigação judicial para apurar uso indevido, *desvio ou abuso do poder econômico ou do poder de autoridade*, ou utilização indevida de veículos ou meios de comunicação social, em benefício de candidato ou de partido político, obedecido o seguinte rito: (...)

É com base nesse art. 22 da LC 64/90, ademais, que o Min. Gilmar Mendes, em seu voto exarado no RO 26530, afirma que o *conceito de abuso de autoridade é mais amplo que o conceito de abuso do poder político*.

Assim, o tema em análise está permeado por um aparente conflito de normas que merece ser solucionado.

Inicialmente, pontua-se que a legislação ordinária acerca do abuso do poder encontra seu fundamento direito em dispositivo constitucional que expressamente faz menção à proteção do pleito contra o *"abuso do exercício de função, cargo ou emprego na administração direta ou indireta"* (art. 14, §9º, CRFB). É certo, ademais, que isso não significa óbice para que o legislador ordinário possa inovar, dispondo além da norma constitucional, desde que respeite os demais dispositivos e princípios da constituição.

Assim, ainda que se considere o art. 22 da LC 64/90 como uma inovação do legislador ordinário frente à constituição, ter-se-ia uma antinomia de normas infraconstitucionais, vez que o art. 19 da LC 64/90, que igualmente trata da ação de investigação judicial eleitoral, possui uma redação mais restritiva.

Norberto Bobbio ensina que existem diversos tipos de antinomias de normas jurídicas, e chama de antinomia "total-parcial" aquela em que há duas normas incompatíveis e "uma tem um âmbito de validade igual ao da outra, porém mais restrito, ou, em outras palavras, o seu âmbito de validade é em parte igual, mas também em parte diferente em relação ao da outra".

O caso em análise parece ser uma antinomia "total-parcial", pois é certo que o art. 22 possui uma esfera de aplicação que não entra em conflito com o art. 19, mas também possui um âmbito de incidência que vai além.

Bobbio igualmente elucida que existem três critérios fundamentais para a solução de antinomias jurídicas, notadamente o cronológico, o hierárquico e o da especialidade. Ocorre que, no presente caso, não cabe a aplicação de nenhum desses critérios a fim de solucionar o conflito, vez que se está diante de normas contemporâneas, do mesmo nível hierárquico e com o mesmo grau de especialidade ao tratar da ação de investigação judicial eleitoral e do abuso do poder.

Portanto, neste caso, a solução deve ser confiada ao intérprete, segundo a oportunidade, "valendo-se de todas as técnicas hermenêuticas que são usadas há tempos e consolidadas tradicionalmente pelos juristas".[50]

Acaso se se aplicasse apenas o método léxico ou gramatical de interpretação hermenêutica, consistente em analisar a definição dos termos e palavras abordados na lei, é certo que se chegaria à conclusão de que o conceito de "autoridade" é mais amplo que "autoridade pública".[51] Isso, sem dúvida, aumentaria o espectro de aplicação da norma por meio de uma interpretação judicial aditiva.

Assim, defende-se que, no caso em análise, deve-se privilegiar uma interpretação sistêmica e histórica, pois contempla a unicidade do ordenamento e, ao mesmo tempo, protege o direito fundamental de elegibilidade dos cidadãos de um ativismo judicial que não merece ser tolerado.

Desse modo, defende-se que o art. 22 da LC 64/90 não pode ser interpretado isoladamente por meio de um método puramente gramatical, mas sim deve ser conjugado com os demais dispositivos legais que visam a tutelar a legitimidade e a normalidade das eleições (como o art. 19 da mesma lei) e as inúmeras passagens legislativas que abordam uma preocupação com o desvirtuamento da máquina pública para fins privados nos certames eleitorais, como é o caso dos dispositivos que vedam as condutas vedadas aos agentes públicos em campanhas eleitorais.

---

[50] BOBBIO, Norberto. *Teoria geral do direito*. São Paulo: Martins Fontes, 2010. p. 257.

[51] O termo "autoridade", segundo Bobbio, Matteucci e Pasquino, possui duas concepções usuais, podendo ser definido como "poder estabilizado" e como "poder legítimo". Em sua primeira concepção, este é entendido como um "poder estável, continuativo no tempo, a que os subordinados prestam, pelo menos dentro de certos limites, uma obediência incondicional". Os autores citam como exemplo o poder dos pais sobre os filhos e dos chefes de uma igreja sobre os fiéis. Na segunda concepção, tem-se que não basta haver uma estabilidade do poder, mas sim que a disposição de obedecer de forma incondicionada se baseie na crença da legitimidade do poder. Assim, "a importância peculiar da crença na legitimidade, que transforma o poder em autoridade, consiste no fato de que esta tende a conferir ao poder eficácia e estabilidade". Percebe-se, assim, que a ideia de autoridade, em qualquer das suas concepções, extrapola a noção de poder político, vez que não é apenas no seio do Estado que relações estabilizadas, de obediência incondicional, e com a crença na legitimidade do poder são observadas. *In*: BOBBIO, Norberto; MATTEUCCI, Nicola; PASQUINO, Gianfranco. *Dicionário de Política*. 11. ed. Brasília: UnB, 1998. p. 89.

Ademais, historicamente, pune-se o abuso de autoridade como sendo de autoridade administrativa. Era o exemplo da Lei nº 4.898/1965, que regulava os casos de abuso de autoridade e dispunha, em seu art. 5º, que "considera-se autoridade quem exerce cargo, emprego ou função pública, de natureza civil, ou militar, ainda que transitoriamente e sem remuneração".[52]

É certo que cresce uma preocupação com o que se consideram as formas "atípicas de abuso do poder", mas não se pode tutelar uma interpretação judicial extremamente ampliativa de conceitos jurídicos, que venham a inovar na ordem jurídica e criar regras gerais de conduta.

Ampliar a ideia de autoridade para fins de configuração do abuso do poder sem observar as diversas normas jurídicas afetas ao tema, de modo a conferir uma interpretação jurídica que se mostra ativista e limita o direito fundamental de elegibilidade, não possui espaço na ordem constitucional brasileira. De todo modo, a questão das formas atípicas do abuso do poder será melhor detalhada nos capítulos seguintes deste trabalho, notadamente os capítulos 5 e 6.

---

[52] Em 05 de setembro de 2019, foi promulgada a Lei nº 13.869/2019, que revogou a Lei nº 4.898/1965 e, ao contrário da antiga normativa, não trouxe uma definição de autoridade, mas optou por estipular, em seu art. 2º, que "é sujeito ativo do crime de abuso de autoridade qualquer agente público, servidor ou não, da administração direta, indireta ou fundacional de qualquer dos Poderes da União, dos Estados, do Distrito Federal, dos Municípios e de Território (...)".

O ABUSO DO PODER MIDIÁTICO

O art. 22, *caput*, da LC 64/90 prevê a possibilidade de se representar à Justiça Eleitoral pedindo abertura de investigação judicial para apurar a "utilização indevida de veículos ou meios de comunicação social, em benefício de candidato ou de partido político", não obstante a ausência de previsão do instituto no art. 14, §9º, da CRFB, que deu origem à regulamentação infralegal.

Walber de Moura Agra define o instituto da seguinte maneira:

> O abuso do poder no uso dos meios de comunicação social ocorre quando há a utilização de rádio ou TV, aberta ou paga, internet, jornais ou revistas *para favorecer ou prejudicar algum candidato, partido ou coligação.* Tal prática deve ser plenamente coibida pela Justiça Eleitoral, *haja vista a facilidade de veiculação de notícias nos meios de comunicação supracitados e a sua maior capacidade de alcance, podendo privilegiar algum candidato em detrimento do outro, gerando, assim, intensas desigualdades no pleito.*[53]

A reprimenda legal ao abuso do poder midiático deriva da ideia de que a malversação dos meios de comunicação social tem potencial para violar a normalidade e a legitimidade do pleito eleitoral em razão da manipulação da opinião pública. Isso ocorrerá quando se verificar, no caso concreto, um abuso de liberdade de expressão e de imprensa.

A Constituição de 1988 adota, em seu texto, uma ampla liberdade de imprensa ao prever, no art. 220, que "a manifestação do pensamento, a criação, a expressão e a informação, sob qualquer forma, processo ou veículo não sofrerão qualquer restrição (...)" e, ainda, dispõe que "nenhuma lei conterá dispositivo que possa constituir embaraço à

---

[53] AGRA, Walber de Moura, *op. cit.*, p. 227.

plena liberdade de informação jornalística em qualquer veículo de comunicação social(...)" (art. 220, §1º). A Constituição igualmente impõe que é "vedada toda e qualquer censura de natureza política, ideológica e artística" (art. 220, §2º).

Não foi por outra razão, portanto, que o Supremo Tribunal Federal decidiu, por 7 votos a 4, que a chamada lei de imprensa (Lei nº 5.250/67), ainda um resquício do período ditatorial brasileiro, não havia sido recepcionada pela Constituição de 1988. Os Ministros, em suma, entenderam que a lei fora criada por uma ótica punitiva e cerceadora da liberdade de expressão – e que não mais encontra espaço na nova ordem constitucional.

Entretanto, os direitos à liberdade de expressão e de imprensa não são absolutos – como nenhum direito é. Desse modo, o próprio texto constitucional traz limitações à liberdade de imprensa ao prever, por exemplo, o cabimento de direito de resposta, a possibilidade de indenização (art. 5º, IV) e a proteção aos direitos da personalidade (art. 5º, X).

Assim, depreende-se que, apesar da consagração da liberdade de imprensa e expressão, bens essenciais ao pluralismo democrático, as atuações dos meios de comunicação sociais não são ilimitadas, de modo que abusos podem ser reprimidos e punidos. No campo democrático, ademais, há de se ter ainda mais atenção aos abusos praticados pela mídia, que podem ter efeitos nefastos à democracia, por falsear a opinião pública e ferir a liberdade do voto do eleitor.

Acerca da malversação do papel da imprensa, é importante citar a lição sempre atual de Rui Barbosa:

A imprensa é a vista da Nação. Por ela é que a Nação acompanha o que lhe passa ao perto e ao longe, enxerga o que lhe malfazem, devassa o que lhe ocultam e tramam, colhe o que lhe sonegam, ou roubam, percebe onde lhe alveja, ou nodoam, mede o que lhe cerceiam, ou destroem, vela pelo que lhe interessa, e se acautela do que a ameaça.

Sem vista mal se vive. Vida sem vista é vida no escuro, vida na soledade, vida no medo, morte em vida: o receio de tudo; dependência de todos; rumo à mercê do acaso; a cada passo acidentes, perigos, despenhadeiros. *Tal a condição do país, onde a publicidade se avariou, e, em vez de ser os olhos, por onde se lhe exerce a visão, ou o cristal, que lha clareia, é a obscuridade, onde se perde, a ruim lente, que lhe turva, ou a droga maligna, que lha perverte, obstando-lhe a notícia da realidade, ou não lha deixando senão adulterada, invertida, enganosa.*

(...)

> *Um país de imprensa degenerada ou degenerescente é, portanto, um país cego e um país miasmado, um país de idéias falsas e sentimentos pervertidos, um país, que, explorado na sua consciência, não poderá lutar com os vícios, que lhe exploram as instituições.*[54]

Sendo assim, no direito eleitoral brasileiro, entende-se que o uso indevido dos meios de comunicação social, caso grave a violar a legitimidade do pleito, deve ser punido e coibido. Entretanto, os regimes a que se submetem os diversos meios de comunicação (rádio e tv, imprensa escrita e internet) dispensam tratamentos diferenciados por parte da justiça eleitoral quanto à sua regulação e, também, acerca da configuração da prática abusiva, conforme se passará a expor.

4.1 O abuso do poder no rádio e na televisão

A comunicação pelo rádio e pela televisão sofre uma regulação expressiva em razão dos pleitos eleitorais. O art. 36, §2º, da Lei nº 9.504/97 estabelece a vedação à propaganda paga no rádio e na televisão,[55] de modo que essa se restringe ao horário eleitoral gratuito. Por sua vez, o art. 36-A da referida lei, ao permitir a concessão de entrevistas e participação em programas por pré-candidatos, impõe às emissoras de rádio e televisão o dever de conferir tratamento isonômico.

O art. 45 da Lei nº 9.504/97 determina que, encerrado o prazo para a realização das convenções no ano das eleições, é vedado às emissoras de rádio e televisão veicular, na sua programação normal: (i) "ainda que sob a forma de entrevista jornalística, imagens de realização de pesquisa ou qualquer outro tipo de consulta popular de natureza eleitoral em que seja possível identificar o entrevistado ou em que haja manipulação de dados"; (ii) "dar tratamento privilegiado a candidato, partido ou coligação"; (iii) "veicular ou divulgar filmes, novelas, minisséries ou qualquer outro programa com alusão ou crítica a candidato ou partido político, mesmo que dissimuladamente, exceto programas jornalísticos ou debates político"; e (iv) "divulgar nome de programa que se refira a candidato escolhido em convenção, ainda quando preexistente,

---

[54] BARBOSA, Rui. *A imprensa e o dever da verdade*. São Paulo: Com – Arte; Editora da Universidade de São Paulo, 1990, 80 p. Disponível em: http://www.casaruibarbosa.gov.br/dados/DOC/artigos/rui_barbosa/FCRB_RuiBarbosa_AImprensa_eo_dever_da_verdade.pdf. Acesso em: 03 fev. 2019.

[55] Art. 36. §2º, Lei 9.504/97. Não será permitido qualquer tipo de propaganda política paga no rádio e na televisão.

inclusive se coincidente com o nome do candidato ou com a variação nominal por ele adotada". Ainda, determina que, "sendo o nome do programa o mesmo que o do candidato, fica proibida a sua divulgação, sob pena de cancelamento do respectivo registro". A ocorrência de qualquer dessas práticas "sujeita a emissora ao pagamento de multa no valor de vinte mil a cem mil UFIR, duplicada em caso de reincidência" (art. 45, §2º, Lei nº 9.504/97).

A partir de 30 de junho do ano da eleição, as emissoras estão proibidas, também, de transmitir programa "apresentado ou comentado por pré-candidato, sob pena, no caso da sua escolha em convenção partidária, de imposição de multa e do cancelamento do registro de candidatura (art. 45, §1º, Lei nº 9.504/97).

A previsão dessas vedações tem o condão de proteger a igualdade de chances entre os postulantes, que, entende-se, seria quebrada em razão da maior exposição pública de determinados candidatos privilegiados por possuírem acesso ao rádio e à televisão. Também se resguarda que as emissoras assumam uma posição ideológica no pleito eleitoral a ponto de prejudicar desproporcionalmente a reputação de determinado candidato.

No entendimento de José Jairo Gomes:

> Com tais restrições, *pretende-se privilegiar os princípios da imparcialidade e da impessoalidade na prestação de serviço público, bem como da isonomia e do equilíbrio entre os participantes do certame, impedindo-se que uns sejam beneficiados em detrimento de outros*. Tendo em vista que o rádio e a televisão constituem serviços públicos cuja realização pelo particular depende de concessão do Poder Público, há mister que o concessionário aja com imparcialidade perante os candidatos e as agremiações participantes do certame.[56]

Desse modo, Jairo Gomes traz o argumento de que a equidistância exigida para as emissoras de rádio e televisão em relação aos candidatos se deve ao fato de que essas são delegatárias de serviços públicos da União, o que impediria que escolhessem um lado na disputa eleitoral.

Aline Osório entende que a regulação mais expressiva do rádio e da televisão se deve a três fatores primordiais: (i) a escassez do espectro eletromagnético, que constitui recurso natural limitado essencial à

---

[56] GOMES, José Jairo, *op. cit.*, p. 613

prestação de radiodifusão, de modo que seria preciso "selecionar e coordenar aqueles que terão o direito de uso das radiofrequências"; (ii) o fato de a União ser titular dos serviços de radiodifusão, explorados por meio de delegação à iniciativa privada (art. 21, XII, CRFB); e (iii) a grande "intrusão dessas mídias na vida das pessoas e na maior influência que exercem sobre a formação da opinião pública".[57]

Em relação à ideia de maior regulação do rádio e televisão nas campanhas eleitorais em razão do papel elementar que esses meios exercem na formação da opinião pública, conclui Aline Osório:

> A imposição de disciplina normativa mais restritiva também se dá em função da percepção de que a mídia não desempenha meramente o papel de um observador neutro do processo eleitoral, tornando-se muitas vezes um relevante ator da disputa. A capacidade de selecionar os fatos que serão noticiados, confere à radiofusão, em especial à TV, grande poder sobre a realidade que é transmitida ao espectador e sobre a formação da opinião pública (...).[58]

Não obstante não restarem dúvidas acerca da necessidade de assunção de um perfil de neutralidade no pleito, pelas emissoras de rádio e televisão delegatárias de serviços públicos da União, entende-se, atualmente, que estas têm a sua liberdade de imprensa reafirmada, especialmente no que diz respeito ao direito de crítica aos *players* eleitorais e à livre manifestação de opinião favorável ou contrária a candidatos.

Isso se dá porque o Supremo Tribunal Federal, no julgamento da ADI nº 4.451, em 21 de junho de 2018, confirmou a medida cautelar anteriormente deferida e declarou a inconstitucionalidade do art. 45, II, e da segunda parte do inciso III, da Lei nº 9.504/97, que determinavam, respectivamente, que às emissoras de rádio e televisão era vedado, após o prazo das convenções partidárias: (i) *usar trucagem, montagem ou outro recurso de áudio ou vídeo que, de qualquer forma, degradem ou ridicularizem candidato, partido ou coligação, ou produzir ou veicular programa com esse efeito*; e (ii) veicular propaganda política ou *difundir opinião favorável ou contrária a candidato, partido, coligação, a seus órgãos ou representantes*.

Com isso, entende-se que se permitiu o humor nas campanhas eleitorais, por meio de sátiras e charges, uma vez que tais práticas são sucedâneos da liberdade de expressão. Ainda, houve uma afirmação da

---

[57] OSÓRIO, Aline, *op. cit.*, p. 287.

[58] *Ibdem*, p. 288.

liberdade de expressão e imprensa das emissoras para a divulgação de críticas, posicionamentos e inclusive fatos negativos e polêmicos, que até mesmo podem acabar por prejudicar ou melhorar, eventualmente, a reputação dos candidatos.

Em sua decisão monocrática, o Ministro Ayres Britto entendeu que o dever de imparcialidade ou equidistância, que não se estende à mídia escrita, "não significa ausência de opinião ou crítica jornalística. Equidistância que apenas veda às emissoras de rádio e televisão encamparem, ou então repudiarem, essa ou aquela candidatura a cargo político-eletivo". Para ele, "apenas se estará diante de uma conduta vedada quando a crítica ou matéria jornalísticas venham a descambar para propaganda política, passando nitidamente a favorecer uma das partes na disputa eleitoral", o que deve ser avaliado no caso concreto, de modo a se punir os abusos ou excessos.[59]

Em relação ao instituto do abuso do poder, o bem jurídico protegido é a legitimidade do pleito, e não apenas a igualdade de chances entre os *players* políticos. Desse modo, sabe-se que as condutas vedadas às emissoras pelos mencionados dispositivos da Lei nº 9.504/97 protegem a paridade de armas – e possuem a sua reprimenda nos termos do art. 45, §2º, da mesma lei –, de modo que não será a simples ocorrência de alguma delas que implicará, imediatamente, no reconhecimento do uso indevido dos meios de comunicação social.[60] Eventualmente, tais práticas podem coincidir, mas não há uma simbiose entre os institutos.

Acredita-se, assim, que a conduta grave, no abuso de mídia, apta a ferir a legitimidade do pleito, está intrinsecamente ligada à *efetividade desses meios de comunicação em pautar a opinião pública*, em razão da *amplitude do alcance* dessas *práticas*. É, primordialmente, com o direcionamento da opinião pública que se macula a autenticidade do voto dos eleitores, vez que estes não têm acesso a uma imprensa livre e isenta, o que compromete os seus processos de tomada de decisão do voto. Isso repercute, diretamente, na lisura do pleito eleitoral.

---

[59] STF, ADI nº 4.451 MC-Ref, Rel. Min. Ayres Britto, j. em 02.09.2010.

[60] Para Walber Agra: "(...) a jurisprudência do Egrégio Tribunal Superior Eleitoral é uníssona no que tange à caracterização do bem jurídico protegido, sendo assim, quando se apura abuso do poder econômico ou de poder político, ou utilização indevida dos meios de comunicação social, em benefício de candidato ou partido político, o bem jurídico protegido é a *lisura do pleito eleitoral*". Em: AGRA, Walber de Moura, *op. cit.*, p. 228. No mesmo sentido, "(...) 3. Para a procedência do pedido em ação de investigação judicial eleitoral pela prática do abuso do poder econômico ou político, os fatos devem ser graves o suficiente para ferir o bem jurídico protegido pela norma do art. 22 da LC nº 64/1990, qual seja: a lisura e a normalidade do pleito (...)" (Recurso Especial Eleitoral nº 41863, Acórdão, Relator Min. Gilmar Ferreira Mendes, Publicado Dje 23.09.2016.

O ABUSO DO PODER MIDIÁTICO | 73

Desse modo, tem-se que a conduta grave apta a ferir a legitimidade do pleito não decorrerá de pronunciamentos isolados dos interlocutores, mesmo que nesses casos haja um desvio da liberdade de imprensa – o que pode gerar, no entanto, a multa do art. 45, §2º, da Lei nº 9.504/97. Entende-se que o ato abusivo decorre de *práticas reiteradas* de uma mesma emissora ou grupo econômico, basicamente em razão da ampla exposição de um candidato ou pauta política, a ponto de direcionar a opinião pública.

Nesse sentido, é acertado o posicionamento do TSE segundo o qual "o uso indevido dos meios de comunicação social se dá no momento em que há um desequilíbrio de forças decorrente da exposição massiva de um candidato nos meios de comunicação em detrimento de outro".[61]

Aline Osório chama a atenção, ainda, para a necessidade de uma atuação mais incisiva da Justiça Eleitoral quando as emissoras forem controladas por candidato ao pleito ou por pessoas a ele ligadas, vez que isso caracterizaria um conflito de interesses na cobertura jornalística.[62]

Entende-se, no entanto, que, muito embora nesses casos seja provável que haja um direcionamento das pautas e desigualdade no tratamento dos postulantes, tal prática deve ser igualmente verificável no caso concreto, com base nas mesmas balizas de gravidade da conduta, sem que se opere uma presunção apriorística de uso indevido dos meios de comunicação social.

Outros fatores que, entende-se, devem ser analisados para fins de caracterização da gravidade da conduta, como leciona Frederico Alvim, dizem respeito a: (i) existência de monopólio ou de concentração midiática na região do pleito; (ii) existência de um "efeito multiplicador da mensagem" por meio da repercussão das pautas em outros meios de comunicação social, como na mídia impressa, revistas e *sites*; (iii) publicação de "pautas-bombas" às vésperas do pleito eleitoral, de modo a impossibilitar ou dificultar o contraditório político e o tempestivo direito de resposta; (iv) possível existência de algum contraditório por parte dos candidatos prejudicados, de modo a atenuar os efeitos da mídia, seja por meio de direito de resposta, por contra-argumentação no horário eleitoral gratuito ou na internet, ou por ações da mídia alternativa ou agência de checagem de fatos.[63]

---

[61] RESPE nº 4709-68/RN, Relatora Ministra Nancy Andrighi, julg. em 10.5.2012.

[62] OSORIO, Aline, *op. cit.*, p. 318

[63] ALVIM, Frederico Franco. *Cobertura política e integridade eleitoral:* efeitos da mídia sobre as eleições. Florianópolis: Habitus, 2018. p. 180-181.

Feitas essas considerações, deve-se enfatizar que é extremamente importante uma análise com base em critérios objetivos de gravidade da conduta nos casos de uso indevido dos meios de comunicação social, de modo a se distanciar de interpretações casuísticas. Isso se deve às graves consequências oriundas do reconhecimento da prática abusiva, que pode culminar na destituição de mandatário eleito.

Assim, além dos critérios já explicitados acima, indispensáveis para a verificação da gravidade da conduta, é preciso, por fim, que se questione, em cada caso, a ideia da "predominância" que a televisão e o rádio detêm na formação da opinião pública. Na sociedade atual, em que a internet desponta como um importante meio de comunicação em massa, que abre grande espaço para o contraditório e a pluralidade de ideias, não parece mais haver lugar para a – quase – presunção de violação à legitimidade do pleito por ações pontuais praticadas no rádio e na televisão.

4.2 O abuso do poder na imprensa escrita

Como amplamente exposto no tópico acima, o rádio e a televisão tiveram uma regulação expressiva das suas práticas no pleito eleitoral, em razão, também, (i) de serem serviços públicos de titularidade da União, prestados por meio de delegação à atividade privada, e (ii) em razão do impacto das ações de tais meios de comunicação na vida das pessoas e na opinião pública.

A regulação da imprensa escrita foi muito mais branda do que a da televisão e do rádio. Isso decorre, principalmente, em razão do fato (i) de que a veiculação de veículo impresso independe de licença (art. 220, §6º, CRFB), e (ii) da ideia de que a leitura desses canais demanda uma postura mais proativa do leitor e tem um alcance inferior em relação à radiofusão. Assim, entende-se que a mídia impressa não possui um dever de imparcialidade e que tampouco proíbe que nela se adote uma linha editorial com viés ideológico.[64]

---

[64] Nesse sentido: OSÓRIO, Aline, *op. cit.*, p. 331-332. Veja também: "Ementa: I – Justiça Eleitoral: incompetência para impor restrições ou proibições à liberdade de informação e à opinião da imprensa escrita, salvo, unicamente, às relativas à publicidade paga e à garantia do direito de resposta: inadmissibilidade da aplicação analógica aos veículos impressos de comunicação do art. 53, §2º, da L. 9.504/97. II – A diversidade de regimes constitucionais aos quais submetidos, de um lado, a imprensa escrita – cuja atividade independe de licença ou autorização (CF, art. 220, §6º) –, e, de outro, o rádio e a televisão – sujeitos à concessão do poder público – se reflete na diferença marcante entre a série de restrições a que estão validamente submetidos os últimos, por força da legislação

Como consequência dessas premissas, a Lei nº 9.504/97 apenas aborda a regulação da imprensa escrita em seu art. 43, que estipula que "são permitidas, até a antevéspera das eleições, a divulgação paga, na imprensa escrita, e a reprodução na internet do jornal impresso, de até 10 (dez) anúncios de propaganda eleitoral, por veículo, em datas diversas, para cada candidato, no espaço máximo, por edição, de 1/8 (um oitavo) de página de jornal padrão e de 1/4 (um quarto) de página de revista ou tabloide".

Ainda, dispõe que deve constar do anúncio, de forma visível, o valor pago pela inserção (art. 43, §1º), e que a inobservância dos parâmetros estipulados gera multa no valor de mil a dez mil reais, ou equivalente ao valor da divulgação da propaganda paga, se este for maior (art. 43, §2º).

Assim, entende-se que a atuação da justiça eleitoral em relação à imprensa escrita se limitará: (i) à verificação do cumprimento dos requisitos em relação à propaganda paga; (ii) a conferir o direito de resposta, na hipótese de veiculação de "conceito, imagem ou afirmação caluniosa, difamatória, injuriosa ou sabidamente inverídica" (art. 58, Lei nº 9.504/97); e (iii) a apurar os casos de abuso do poder decorrentes de práticas nesses meios.

A regulação mais branda desses meios e o reconhecimento de uma maior liberdade em suas atuações refletem diretamente na configuração do abuso do poder, que deverá se verificar em hipóteses bem mais restritas do que nos casos de radiofusão. Isso ocorre porque é mais difícil que se constate, nesses veículos, conduta grave a ponto de influenciar a legitimidade do pleito, tendo em vista sua menor capacidade de pautar a opinião pública.

Assim, uma vez que nesses meios não há o dever de imparcialidade, o "aparecimento massivo de um candidato ou partido" não será entendido como fator com potencial a ferir o bem jurídico da legitimidade do pleito, ao contrário do entendimento clássico nos casos de radiofusão.

Isso ocorre porque o Tribunal Superior Eleitoral mantém entendimento acertado no sentido de que os conteúdos da mídia impressa

---

eleitoral, de modo a evitar-lhes a interferência nos pleitos, e a quase total liberdade dos veículos de comunicação escrita. (...)" (TSE, MC nº 1.241, Relator Min. Sepúlveda Pertence, publicado no DJe em 03.02.2016). Ainda: "(...)1. *A abrangência da mídia impressa é limitada, uma vez que depende do interesse do leitor,* ao contrário do que ocorre com os mecanismos de comunicação direta e de fácil acesso, como o rádio e a televisão. Precedentes. (...)" (TSE, Respe nº 56173 – SC, Relatora Min. Luciana Lóssio, Publicado no dje em 17.06.2016).

têm relação estreita com o interesse do leitor e dependem de um ato de vontade para serem consumidos.[65] Desse modo, os leitores, ao buscarem veículos parciais que possuem grande parte de seus conteúdos focada em determinados candidatos, o fazem propositalmente – e não há razão para que o direito tutele esse tipo de comportamento, que nada mais é do que uma manifestação da personalidade dos sujeitos.

Ainda assim, apesar da jurisprudência consagrar uma ampla liberdade desses meios, ela tutela os abusos. Estes, via de regra, estão ligados às tiragens desses periódicos, que devem ser expressivas quando comparadas ao número de eleitores – e leitores – da circunscrição.

É interessante, nesse sentido, o caso do Recurso Especial Eleitoral 561-73, julgado em 10 de maio de 2016, em que se afastou a prática abusiva em razão da ausência de gravidade da conduta a influir na legitimidade das eleições, uma vez que (i) a tiragem do periódico impugnado era de apenas 1.000 unidades, dividida entre dois municípios, e (ii) no município em que se gerou a acusação de uso indevido de meio de comunicação social, grande parte dos eleitores – cerca de 66,70% – sequer possuía o ensino fundamental completo.[66]

Aline Osório cita caso em que considera que a Justiça Eleitoral errou ao caracterizar a prática abusiva. O caso versava acerca da veiculação, nas eleições de 2012, do jornal Tribuna de Lavras – "com mais de 45 anos de existência e linha editorial historicamente crítica a um grupo político local" – de diversas matérias negativas relativas à administração municipal e à Prefeita, integrante daquele grupo político.

Assim, o TSE teria considerado que o periódico dedicou-se, durante seis meses, a desgastar a imagem da administração e a "cristalizar" nos eleitores o sentimento de que o candidato de oposição seria o mais apto a exercer o cargo de prefeito municipal. Segundo Osório:

> Diferentemente do TRE-MG, que levou em conta apenas a tiragem de 2,5 mil exemplares da edição semanal do jornal, *a Corte considerou o montante de 80 mil exemplares distribuídos, resultado do somatório de todas as edições já publicadas no ano da eleição (o que não faz muito sentido, já que a publicação se destina a um mesmo universo de leitores)*. Como resultado, ao comparar o quantitativo de 80 mil exemplares com o eleitorado de cerca de 68 mil

---

[65] Nesse sentido, REspe 19.438/MA, Rel. Min. Fernando Neves, Rel. designado Min. Luiz Carlos Madeira, DJ de 14.11.2002; RO 725/GO, Rel. Min. Luiz Carlos Madeira, Rel. Designado Min. Caputo Bastos, DJ de 18.11.2005; RO 1.514/TO, Rel. Min. Felix Fischer, DJ de 6.8.2008.

[66] TSE, REspe nº 56173 – SC, Relatora Min. Luciana Lóssio, Publicado no DJe em 17.06.2016

eleitores, concluiu que as publicações do jornal Tribuna de Lavras de fato desequilibraram o pleito. Então, o segundo colocado na disputa, eleito com 10% dos votos, tomou posse como prefeito do Município.

Para ela – e deve-se concordar –, houve violação à liberdade de imprensa, pois se puniu a adoção de viés ideológico pelo periódico, o que não encontra guarida na ideia pacífica de que tais meios de comunicação não devem guardar equidistância dos candidatos. Assim, concluiu que "a condenação nesse caso acaba afrontando a própria soberania popular, já que permite que a vontade da maioria da população seja preterida, em razão de críticas realizadas pela imprensa".[67]

Sendo assim, entende-se que, igualmente nos casos de imprensa escrita, devem ser fixadas balizas objetivas para aferição da gravidade, que não deve ceder a interpretações casuísticas, em razão das severas consequências oriundas da configuração da prática abusiva.

Entende-se, assim, que os seguintes critérios são elementares para a aferição da gravidade da conduta, que deve ser apta a ferir a legitimidade do pleito, nos casos de abuso da mídia impressa: (i) proporção de tiragem por número de eleitores, devendo ser considerada a tiragem por edição, tendo que em vista que os leitores se repetem em alguma medida; (ii) a existência de um "efeito multiplicador da mensagem", por meio da repercussão das pautas em outros meios de comunicação social, como na televisão, em rádios ou *sites*; (iii) a publicação de "pautas-bombas" às vésperas do pleito eleitoral, de modo a impossibilitar ou dificultar o contraditório político e o tempestivo direito de resposta; (iv) a eventual distribuição gratuita desses impressos, principalmente às vésperas do pleito; e (v) se houve algum contraditório por parte dos candidatos prejudicados, de modo a atenuar os efeitos da mídia, seja por meio de direito de resposta, em razão de argumentação no horário eleitoral gratuito ou na internet, ou opor ações da mídia alternativa.[68]

4.3 O abuso do poder na internet

O uso da internet como ferramenta de propaganda é algo relativamente recente nas campanhas eleitorais e que cresce vertiginosamente a cada pleito. Acredita-se, ademais, que o país atravessa uma fase de transição, de modo que, num curto período de tempo, o *cyberespaço*

---

[67] OSÓRIO, Aline, *op. cit.*, p. 336.
[68] ALVIM, Frederico Franco, *op. cit.*, p. 180-181

será o principal *locus* de discussão política – e, consequentemente, da realização das campanhas eleitorais.

É a própria regulamentação das campanhas, no Brasil, que corrobora esse entendimento. Com o objetivo de baratear os elevados custos das campanhas eleitorais, a Lei nº 9.504/97 foi alterada diversas vezes, sempre de modo a ampliar as restrições à propaganda eleitoral.

Por meio da Lei nº 13.165/2015, diminuiu-se consideravelmente o tempo das campanhas eleitorais, que agora começam no dia 15 dia de agosto do ano do pleito, e não mais em 5 de julho. A propaganda partidária não existe mais. O tempo de televisão destinado ao horário eleitoral gratuito também foi reduzido (art. 47, Lei nº 9.504/97).

As formas de veiculação da propaganda foram sensivelmente restringidas, de modo que, de acordo com a atual redação do art. 37, §2º, da Lei nº 9.504/97, só se permite o uso de (i) "bandeiras ao longo de vias públicas, desde que móveis e que não dificultem o bom andamento do trânsito de pessoas e veículos"; e (ii) "adesivo plástico em automóveis, caminhões, bicicletas, motocicletas e janelas residenciais, desde que não exceda a 0,5 m²".

Não se pode mais usar placas, estandartes, faixas, cavalete, *banners* ou inscrição a tinta em muros. Em relação aos automóveis, não se pode mais praticar o "envelopamento", mas apenas "usar adesivos microperfurados até a extensão total do para-brisa traseiro" e, em outras posições, adesivos cuja dimensão máxima seja de 50 x 40cm (art. 38 §4º, Lei nº 9.504/97), que igualmente não podem ser justapostos a fim de causar um efeito *outdoor*.

A circulação de carros de som, desde a promulgação da Lei nº 13.488 de 2017, não é mais permitida livremente durante os horários previstos na legislação, mas apenas é lícita para sonorizar "carreatas, caminhadas e passeatas ou durante reuniões e comícios" (art. 39, §11).

Entretanto, mesmo diante desse mundo de restrições, é inegável que a comunicação entre candidatos e eleitores precisa ocorrer. O bom funcionamento democrático pressupõe a livre circulação de ideias, para que os cidadãos conheçam o maior número possível de candidatos e propostas e assim exerçam livremente – e autenticamente – os seus votos, bem como para que os postulantes se façam conhecidos.

É nesse contexto de diminuição dos custos de campanha, restrições nas formas de veiculação da propaganda e também de proibição a doações eleitorais por pessoas jurídicas, que a internet teve o seu papel alavancado na disputa eleitoral. Percebe-se, assim, que houve uma verdadeira indução ao protagonismo da internet nas eleições, tanto no período pré-eleitoral, agora ampliado – o que foi possível com a acertada flexibilização dos atos de promoção pessoal promovida pela Lei nº 13.165/2015 –, como durante a campanha eleitoral.

Diante da crescente importância da ferramenta, igualmente crescem as discussões acerca da sua regulação pelo direito eleitoral.

O art. 57 da Lei nº 9.504/97, que versa sobe a propaganda eleitoral na internet, foi introduzido somente em alteração legislativa de 2009. Até então, a lei eleitoral pouco tratava desse meio de comunicação social, apenas afirmando que (i) as vedações existentes aos meios de radiofusão também se estendiam aos "sítios mantidos pelas empresas de comunicação social na Internet e demais redes destinadas à prestação de serviços de telecomunicações de valor adicionado" (art. 45, §3º, revogado), e (ii) que a criação de sítios na internet era gastos de campanha (art. 26, X).

Entretanto, na visão de parcela da doutrina, era desproporcional e injusta a extensão das proibições aplicadas ao rádio e à televisão para a internet. Isso se dá porque na internet "não há escassez de espaços de publicação, não há empresas concessionárias, nem há transmissão forçada das mensagens aos internautas".[69] Desse modo, o espaço ilimitado para a veiculação de ideias e o baixo custo para o uso das plataformas tornaria desnecessária uma tutela da igualdade de chances nos moldes da que é delineada para a radiofusão. Segundo Osório:

> Do ponto de vista dos interesses em jogo no processo eleitoral, também existem diferença significativas. *Diante do espaço ilimitado e dos baixíssimos custos de publicação na Internet, não se justifica a tutela da igualdade de oportunidades entre os candidatos e partidos nos mesmos moldes da radiofusão. Em regra, a manifestação de um candidato nas redes sociais não impede nem limita a manifestação de seus concorrentes, de modo que não há justificativa para restrições mais intensas à liberdade de expressão em prol da paridade de armas.* As novas mídias também oferecem aos candidatos a possibilidade de rebaterem instantaneamente eventuais críticas que sejam veiculadas, tornando o direito de resposta muitas vezes desnecessário.[70]

Assim, a alteração legislativa de 2009 revogou o disposto no art. 45, §3º, da Lei nº 9.504/97, de modo a tirar da esfera da internet a dura regulação imposta aos meios tradicionais de comunicação e consagrar maior liberdade no seu uso. Por meio da inclusão do art. 57-A

---

[69] OSÓRIO, Aline, *op. cit.*, 336-337.
[70] *Ibidem.*

à Lei das Eleições, positivou-se que "é permitida a propaganda eleitoral na internet", bem como que é "livre a manifestação do pensamento, vedado o anonimato durante a campanha eleitoral, por meio da rede mundial de computadores" (art. 57-D).

Na oportunidade, vedou-se a propaganda eleitoral paga na internet (art. 57-C), bem como aquela veiculada em *sites* de pessoas jurídicas ou em páginas oficiais de órgãos e entidades da administração pública (art. 57-C, §1º).

Com o passar dos anos, diante de uma maior experiência em relação à utilização da ferramenta nas campanhas eleitorais, diversas disposições foram incluídas ou alteradas na legislação, entre as quais se destacam: (i) a constituição como crime da "contratação direta ou indireta de grupo de pessoas com a finalidade específica de emitir mensagens ou comentários na internet para ofender a honra ou denegrir a imagem de candidato, partido ou coligação" (art. 57-H, §1º, redação da Lei nº 12.891/2013); (ii) a permissão de contratação de impulsionamento de conteúdos, desde que identificado de forma inequívoca como tal e *contratado exclusivamente por partidos, coligações e candidatos e seus representantes* (art. 57-C, redação da Lei nº 13.488/2017); e (ii) a proibição à "veiculação de conteúdos de cunho eleitoral mediante cadastro de usuário de aplicação de internet com a intenção de falsear identidade" (art. 57-B, §2º, redação da Lei nº 13.488/2017).

Ainda, cita-se a previsão do art. 57-I, com a redação conferida pela Lei nº 13.488/2017, que permite que a Justiça Eleitoral determine, "no âmbito e nos limites técnicos de cada aplicação de internet, *a suspensão do acesso a todo conteúdo veiculado que deixar de cumprir as disposições desta Lei, devendo o número de horas de suspensão ser definida proporcionalmente à gravidade da infração cometida em cada caso*, observado o limite máximo de vinte e quatro horas".

Percebe-se, portanto, que o legislador tem compreendido as especificidades da internet, a ponto de lhe conferir uma adequada regulação, não tão rígida como a que vale para o rádio e a televisão, mas que também não é branda como a da mídia impressa, em que se entende que há quase uma "liberdade total".

Isso ocorre porque a percepção acerca dos impactos que a internet pode causar na democracia vem mudando. Num primeiro momento, existia a crença de que o *cyberespaço* era um meio amplamente democrático e de baixo custo, que permitia a livre divulgação das ideias de todos os *players*, um maior contraditório eleitoral, e que demandava uma atuação positiva dos eleitores, pois não havia uma imposição de conteúdo – como é na televisão e no rádio –, o que justificaria uma menor ou nenhuma regulação.

Entretanto, casos envolvendo diversas campanhas eleitorais ao redor do mundo causam preocupação acerca dos danos que a internet pode causar à democracia. Os novos desafios postos incluem fenômenos até então desconhecidos da política, e cujas soluções também não foram encontradas.

Cita-se a problemática envolvendo a divulgação de *fake news*, vazamento de dados pessoais com fins de propiciar o envio de propagandas eleitorais personalizadas, o uso de robôs e inteligência artificial para manipular a opinião pública e pautar o debate político, bem como os "filtros-bolha", possíveis em razão dos algoritmos das redes, que limitam os conteúdos a que os usuários têm acesso, diminuindo, assim, a ideia de contraditório e pluralismo.

As questões relativas aos novos desafios envolvendo internet e democracia e eventuais práticas de abuso do poder daí decorrentes são amplamente abordadas no capítulo 7 deste trabalho. Em relação ao presente tópico, deve-se delimitar que não é adequada uma visão estritamente liberal em relação à internet, que tenta transpor para essa mídia a regulação leve da imprensa escrita. Aqui, não deve valer o entendimento de que o alcance da informação é, via de regra, pequeno, e que depende sempre do interesse do leitor. A experiência já nos mostrou o contrário.

O direito eleitoral brasileiro, portanto, não é indiferente a práticas que violem à legitimidade do pleito em razão da disseminação de *fake news*, de tratamento ilegal de dados pessoais e de filtragens ideológicas praticadas por provedores de conteúdo. Estes podem se enquadrar, sim, em hipótese de uso indevido dos meios de comunicação social e, também, como abuso do poder econômico, a depender de como as práticas se verificarem nos casos concretos

Não se deve deixar de pontuar, novamente, que é sempre necessário observar a baliza da gravidade da conduta, que deve ter o condão de ferir a legitimidade do pleito, não havendo espaço, assim, para punições de manifestações isoladas de pensamento, o que cercearia desproporcionalmente a liberdade de expressão. Os parâmetros propostas para a análise da gravidade, nos casos envolvendo a internet, são igualmente detalhados no capítulo 7.

O ABUSO DO PODER NAS CAMPANHAS ELEITORAIS: ENTRE O POLIMORFISMO E O GARANTISMO

No capítulo antecedente, foram expostas as formas clássicas de abuso do poder nas campanhas eleitorais: o abuso do poder econômico, o abuso do poder político e o abuso de mídia. Essas estão expressamente delineadas nas normas constitucionais e legais a respeito do tema, notadamente no art. 14, §9º, da CRFB e nos arts. 19 e 22 da LC 64/90. Entretanto, não são raros os textos doutrinários que levantam outras classificações de abuso do poder nas campanhas eleitorais não previstas na legislação.

Eduardo Bim, em texto intitulado "O Polimorfismo do abuso do poder no processo eleitoral: o mito de Proteu", afirma que o abuso de poder, na seara eleitoral, "tem o dom da metamorfose (assim como Proteu), podendo assumir várias formas para que a Justiça Eleitoral (mortais) não o descubra".[71] Na mitologia grega, Proteu era quem cuidava dos rebanhos de Poseidon, o deus do mar, e, como recompensa pelo exercício da tarefa, teria ganhado o dom do conhecimento do passado, presente e futuro. Todos queriam consultá-lo, mas poucos conseguiam. Proteu recusava os humanos que o procuravam e, para escapar, assumia as mais diversas formas, desde animais perigosos a plantas, ou mesmo de água ou de fogo.[72]

Assim, Bim conclui que não se deve tentar enquadrar o abuso numa rígida classificação, pois ele assumirá inúmeras outras formas que não as previstas na legislação:

---

[71] BIM, Eduardo Fortunato, *op. cit.*

[72] *Ibidem.*

Não existe forma fixa, uma fórmula pela qual é possível detectar o abuso de poder no processo eleitoral; muito pelo contrário, o abuso de poder, seja ele de qual espécie for, é forma maleável de se burlar a legitimidade das urnas. É caracterizado não pelos seus meios, que podem ser abuso do poder econômico, dos meios de comunicação ou político, dentre outros, mas sim por sua lesividade à legitimidade das eleições. O rol do art. 22 da LC 64/90 é exemplificativo![73]

Frederico Alvim e Volgane Carvalho, igualmente, entendem que existem formas típicas de abuso do poder, previstas na legislação, e formas atípicas, que não têm previsão legal, mas igualmente se prestam a comprometer a integridade eleitoral. Para eles, o poder tem caráter "multiforme", detendo uma natureza fluida, "sendo apto a apresentar-se mediante fórmulas praticamente infinitas".[74]

Para os autores, as normas vigentes (art. 14, §9º, da CRFB, e art. 22, LC 64/90), que prescrevem de maneira taxativa os abusos do poder econômico, político e de mídia, carregam graves implicações práticas, "identificadas pela inibição de decisões jurisdicionais que reconheçam formas atípicas do abuso do poder".

Assim, defendem que a melhor solução para a problemática seria uma alteração legislativa que suprimisse o rol das espécies de abuso do poder constantes do art. 14, 9º, da CRFB, e do art. 22, LC 64/90, de modo a se tutelar judicialmente qualquer das formas que o abuso do poder viesse a assumir para ferir a legitimidade do pleito.[75] Esse é o

---

[73] *Ibidem.*

[74] ALVIM, Frederico Franco; CARVALHO, Volgane Oliveira. Da cruz aos códigos: novas formas de abuso de poder e mecanismos de proteção da integridade eleitoral no arquétipo brasileiro. *Revista do TRE – RS*, Rio Grande do Sul, nº 44, p. 169-203. 2018.

[75] No plano normativo (o modelo brasileiro de combate ao abuso do poder nas campanhas eleitorais), é regular no quesito eficiência: dispõe de ações hipoteticamente céleres, destinadas à aplicação de sanções administrativas graves, em especial a cassação de mandatos políticos. Peca, porém, no apuro técnico quando, na tentativa de delinear o fenômeno, acaba por conferir-lhe um contorno estiolado, ao reduzir as hipóteses de cabimento a três diferentes faces do abuso de poder (econômico, político e midiático), as quais não esgotam, como demonstrado, suas possibilidades de manifestação. *Essa imprecisão técnica tem prejudicado o enfrentamento judicial de hipóteses anômalas, em especial o abuso de poder religioso e o abuso de poder coercitivo, apenas reconhecidos na jurisprudência em casos muitíssimo raros, em que artificialmente encaixados nos casos de abuso legalmente tipificados.* Nesse diapasão, é lícito reconhecer que a falta de previsão legal desestimula o ajuizamento de ações específicas, o que reflexamente acaba por expor a integridade do processo de escolha popular. De toda sorte, evidenciada uma situação normativa próxima do que se considera ideal, o arquétipo brasileiro teria um grande salto qualitativo com a adoção de um reparo redacional, dirigido à eliminação da pretensão descritiva constante do parágrafo §9º, do art. 14, da CF, assim como do art. 22, *caput*, da LC nº 64, de 1990.

mesmo entendimento esposado por Fávila Ribeiro, que afirma que "(...) teria sido mais vantajosa a supressão de especificação dos poderes, simplificando-se com um enunciado que transmitisse generalizada abrangência, mencionando apenas – *contra qualquer forma de abuso de poder à lisura do processo eleitoral*".[76]

Deste modo, tem-se que uma parcela expressiva da doutrina eleitoral entende que o fenômeno do abuso do poder nas campanhas eleitorais pode se dar por meios mais abrangentes do que aqueles antevistos pela legislação. Assim, são apontadas duas soluções distintas para a questão: i) aquela que entende que o rol do art. 22 da LC 64/90 é meramente exemplificativo, de modo a se admitir o ajuizamento de AIJE para qualquer caso em que um abuso de poder se verifique, e ii) aquela que entende pela necessidade de uma alteração legislativa que venha a eliminar o rol descritivo das espécies de abuso do poder no pleito.

Em relação à primeira solução, entende-se que o rol do art. 22 da LC 64/90 é *taxativo* – entendimento que vem sendo aplicado pela jurisprudência do Tribunal Superior Eleitoral reiteradamente. O reconhecimento de outras formas de abuso do poder além daqueles categoricamente elencados pelo legislador representaria o reconhecimento, unicamente pela via jurisdicional, de hipótese ensejadora da grave pena de cassação do registro ou do diploma e a consequente inelegibilidade, o que seria um descabido ativismo judicial, que não possui espaço em nossa ordem constitucional.

Clarissa Maia, em sua dissertação de mestrado, faz uma distinção entre judicialização das eleições e ativismo judicial. A judicialização das eleições também é conhecida como "terceiro turno", "em razão de muitas disputas transcenderem a arena das urnas, deixando que o resultado final das disputas seja conferido à Justiça Eleitoral, após o julgamento das ações e recursos que examinam os abusos cometidos por candidatos eleitos democraticamente e cassados pelo Poder Judiciário".[77]

Ter-se-ia, assim, por bem assentado o cabimento da ação de investigação judicial eleitoral diante de casos de abuso de poder em qualquer de suas faces, independentemente de prévia especificação. Selados os flancos, não haveria necessidade de alteração da normativa referente à ação de impugnação de mandato eletivo, vez que a integridade eleitoral restaria suficientemente protegida com a configuração de uma técnica processual aberta e abrangente. In: Ibidem.

[76] RIBEIRO, Fávila. *Abuso de poder no direito eleitoral*. 3. ed. Rio de Janeiro: Forense, 1998.

[77] MAIA, Clarissa Fonseca. *O ativismo judicial no âmbito da justiça eleitoral*. Fortaleza: UNIFOR, 2010. 153 f. Dissertação (Mestrado) – Programa de Pós-Graduação em Direito Constitucional, Universidade de Fortaleza, Fortaleza, 2010.

Assim, para ela, "estes litígios que influem nos resultados das urnas podem ser caracterizados como contramajoritários e até mesmo identificados como ativismo judicial".[78] Contudo, ela entende que a judicialização das eleições, em vez de ameaçar o princípio da soberania popular, na verdade o qualifica, haja vista que expurga o candidato "trapaceiro" que, de alguma forma, viciou o resultado das urnas materialmente, vez que ludibriou a vontade popular.

Para a autora, tal atuação *"é legítima, pois fundada em um arcabouço jurídico que o autoriza"*[79] e resguarda o princípio da soberania popular, pois impede o resultado viciado das eleições. Para ela, deve-se coibir o ativismo judicial.

O ativismo judicial, assim, seria uma forma de julgar que se utiliza de uma interpretação criativa para ampliar o sentido e o alcance de preceitos normativos que reclamam uma complementação legislativa para serem efetivados, enquanto que a judicialização das eleições é fruto de uma atuação mais presente e eficaz do Poder Judiciário no controle das eleições. Em suas palavras:

> (...) sob uma perspectiva lógica-argumentativa, a judicialização das eleições representa a difusão das formas de decisões tipicamente jurídicas e da linguagem do direito para o ambiente de competição político-partidária.
>
> Por outro lado, o ativismo judicial refere-se à criação normativa original por parte do Judiciário, que pode ocorrer tanto pelo preenchimento de um vácuo legislativo, como também nos casos em que o juiz amplia o alcance ou modifica os efeitos da lei, originando uma nova regra com aplicação geral. Ou seja, trata-se de um comportamento judicial que exorbita as funções jurisdicionais típicas e invade a competência de outros poderes.[80]

A ideia, portanto, de que o rol legal das espécies de abuso do poder seria meramente exemplificativo pressupõe uma postura mais ativista por parte da justiça eleitoral, a quem caberá ditar quais outras espécies de abuso do poder merecem ser reprimidas nas campanhas eleitorais. Isso, obviamente, fere a desejável separação dos poderes

---

[78] *Ibidem.*

[79] *Ibidem.*

[80] MAIA, Clarissa Fonseca. *Jurisdição e soberania popular*: uma abordagem normativa de diálogo institucional entre a Justiça Eleitoral e o Congresso Nacional. Fortaleza: UNIFOR, 2016. 325 f. Tese (Doutorado) – Programa de Pós-Graduação em Direito Constitucional, Universidade de Fortaleza, Fortaleza, 2016.

delimitada na Constituição de 1988, vez que confere ao judiciário a competência para inovar na ordem jurídica, de modo a invadir uma competência do legislativo.

Ademais, a problemática do ativismo igualmente esbarra na segunda solução acima elencada para o caso das hipóteses atípicas de abuso do poder nas campanhas eleitorais. Esta, que preconiza pela existência de norma geral de vedação ao abuso, sem distinção das suas espécies, igualmente coloca o judiciário em um papel de inovar na ordem jurídica e criar regras gerais de condutas, ditando o que deve ser considerado como conduta típica a ensejar as reprimendas legais.

Portanto, defende-se que ambas as soluções apontadas para a problemática devem ser rechaçadas, pois conferem ao judiciário papel que exorbita sua competência típica e, assim, invade a esfera de atuação do legislativo.

No mais, tem-se que a temática do ativismo judicial na questão do abuso do poder nas campanhas eleitorais deve ser analisada ainda com mais cautela, uma vez que esta representaria inovação normativa, sem o crivo do legislativo, com o condão de suprimir um direito político fundamental: a elegibilidade.

Não parece ser necessário tecer, no presente trabalho, maiores considerações sobre a fundamentabilidade dos direitos políticos, de modo que a nossa Constituição delimita tais contornos em seu artigo 14. O Pacto de São José da Costa Rica, em seu art. 23, dedicado aos direitos políticos, estabelece que todos os cidadãos devem gozar do direito "de votar e ser eleito em eleições periódicas e autênticas".[81]

De todo modo, Roberta Gresta e Polianna dos Santos sintetizam que os direitos políticos são espécies dos direitos humanos e fundamentais, reconhecidos como direitos de primeira geração, juntamente com os direitos civis. Assim, esses são direitos relacionados à ideia de liberdade, cujas características centrais residem na titularidade do indivíduo e *oponibilidade contra o Estado*.[82]

---

[81] Importante mencionar que o Pacto de São José da Costa Rica vai além no regramento dos direitos políticos fundamentais e traz um rol exclusivo de motivos pelos quais a atividade legiferante pode regular os direitos políticos fundamentais, o que culminou em severas críticas a respeito da convencionalidade da Lei da Ficha Limpa. É o disposto no art. 23, 2: A lei pode regular o exercício dos direitos e oportunidades a que se refere o inciso anterior, exclusivamente por motivos de idade, nacionalidade, residência, idioma, instrução, capacidade civil ou mental, ou condenação, por juiz competente, em processo penal.

[82] As autoras ainda complementam: Os direitos políticos se veem, então, na primeira geração dos direitos fundamentais, como direitos relacionados à liberdade, ao lado

Destarte, uma vez que a elegibilidade é um direito fundamental, marcado pela noção de liberdade e oposição perante o Estado, tem-se que eventuais restrições a ela somente podem ser impostas por *lei*, devem ser gerais e abstratas e devem respeitar o princípio da proporcionalidade.[83] A lei aqui requerida é aquela em sentido formal, fruto do devido processo legislativo.

Portanto, é inadmissível uma interpretação que permita que o judiciário, sem estar amparado em lei em sentido formal, possa inovar para enquadrar uma conduta como prática de abuso do poder, cuja consequência legal é a cominação da inelegibilidade por oito anos.

Conclui-se, assim, que é necessário imprimir uma leitura garantista ao tema, em oposição a uma leitura ativista, de acordo com a qual se preconiza o máximo respeito aos direitos e garantias individuais dos cidadãos.

A ideia de garantismo, consolidada por Luigi Ferrajoli e marcada pela imposição de respeito aos direitos e garantias fundamentais dos indivíduos, em especial os de liberdade, contra as arbitrariedades do Estado, foi reduzida, pela doutrina brasileira, como tópico ligado essencialmente ao campo do direito penal. Entretanto, em realidade, este "se aplica às demais áreas do conhecimento jurídico *igualmente marcadas por uma crise estrutural das garantias* que caracterizam o estado de direito".[84]

---

dos direitos civis. Estão reconhecidos nas principais declarações de direitos humanos, consagrados já nos primeiros documentos. Merecem destaque: (a) a Declaração do Povo da Virgínia, que em 1776 tratava das eleições dos representantes do povo e do direito de voto; (b) a Declaração Francesa dos Direitos do Homem e do Cidadão, de 1789, que destaca a vontade geral como fundamento das leis e o direito dos cidadãos de concorrer para a sua formação; além de (c) a Declaração Universal dos Direitos do Homem, de 1948, que destaca em seu art. XXI o direito de todos os homens de "tomar posse do governo de seu país, diretamente ou por intermédio de representantes livremente escolhidos". *In:* GRESTA, Roberta Maia e DOS SANTOS, Polianna Pereira. Direitos políticos como direitos da sociedade: crítica ao aprisionamento semântico dos direitos políticos. *Anuario de Derecho Constitucional Latinoamericano*, Bogotá, año XII, p. 317-334, 2016.

[83] SALGADO, Eneida Desiree. *A elegibilidade como direito político fundamental, as inelegibilidades retroativas da Lei Complementar nº 135/2010 e a (in)decisão do Supremo Tribunal Federal.*

[84] Segundo André Karam Trindade, "(...) a maior parte dos juristas brasileiros ainda insiste em associar o nome e o pensamento de Ferrajoli, exclusivamente, ao campo do Direito Penal, o que também resultou na sua depreciação e rotulação por parte dos setores mais conservadores da comunidade jurídica. Isto se deve, como se sabe, ao fato de sua primeira grande obra, *Diritto e Ragione*, tratar da (in)efetividade das liberdades e garantias dos cidadãos e, ao fazê-lo, utilizar o sistema penal como exemplo privilegiado para ilustração de suas teses.
(...)
Ocorre que, ao contrário da leitura reducionista que predomina em *terrae brasilis*, Ferrajoli introduz o garantismo, apresentando seus três sentidos – (1) como modelo normativo,

Assim, inegável que a leitura garantista deve ser aplicada ao Direito Eleitoral, notadamente quando as condenações judiciais implicarem em restrição ao direito fundamental de elegibilidade. Desse modo, não se pode admitir uma inovação normativa, pela via jurisdicional, a fim de estabelecer condutas capazes de ser enquadradas como abuso do poder.

É bom que se esclareça que não se defende, no presente trabalho, uma visão que fecha os olhos para as mais diversas situações que podem ter o condão de ferir, em maior ou menor medida, a lisura dos pleitos eleitorais. Entretanto, o que se defende é que não se pode pegar atalhos para alcançar o fim de proteger a lisura eleitoral – principalmente quando esses atalhos são demasiadamente arriscados.

Assim, ainda que se assuma que existe um vácuo legislativo na temática do abuso do poder nas campanhas eleitorais, esse deve ser entendido como uma opção legítima do legislador, que não merece ser suprimida pelo judiciário, mas sim respeitada.[85] Em suma, conclui-se que há, portanto, duas formas de se coibir as espécies atípicas de abuso do poder: i) encarando que estas não são atípicas, mas representam novas roupagens das formas típicas, ou ii) mediante alteração legislativa que expressamente altere a temática e inclua eventual nova forma de abuso do poder no ordenamento.

No capítulo seguinte serão analisadas duas "espécies atípicas" de abuso do poder, que ganham espaço na discussão doutrinária a respeito do tema – notadamente o abuso do poder religioso e o abuso do tratamento de dados, dos algoritmos e das *fake news* –, a fim de se concluir se essas são, atualmente, tuteladas pelo ordenamento jurídico.

---

(2) como teoria do Direito e (3) como filosofia política –, e em seus livros subsequentes afirma, categoricamente, que seu trabalho não se limita à esfera do Direito (Processual) Penal, *mas se aplica às demais áreas do conhecimento jurídico igualmente marcadas por uma crise estrutural das garantias que caracterizam o estado de direito.*
Tanto é assim que o modelo garantista proposto inicialmente em *Diritto e Ragione* alcança sua formulação máxima, quase 20 anos depois, com a publicação de principal obra: *Principia Iuris: Teoria del Diritto e Della Democracia* – já traduzido para o espanhol –, cuja leitura mostra-se imprescindível para uma devida compreensão das atuais democracias constitucionais". *In* TRINDADE, André Karam. Raízes do garantismo e o pensamento de Luigi Ferrajoli. Disponível em: https://www.conjur.com.br/2013-jun-08/diario-classe-raizes-garantismo-pensamento-luigi-ferrajoli. Acesso em: 01 fev. 2019.

85 Clarissa Maia, ao defender a ideia de vácuo legislativo como escolha legítima, assim pondera: "(...) a ideia de vácuo legislativo não é tão aparente quanto possa sugerir os defensores do ativismo judicial, *pois o silêncio do Congresso muitas vezes é proposital. Ou seja, não é que o legislador tenha se omitido de algumas pautas, mas sim que decidiu por não decidir, mantendo o status quo do que fora debatido".* *In:* MAIA, Clarissa Fonseca, *op. cit.*

… *

O ABUSO DO PODER RELIGIOSO

Em seu livro "O Discurso Religioso na Política Brasileira: Democracia e Liberdade Religiosa no Estado Laico", Luiz Eduardo Peccinin aponta que a população brasileira é majoritariamente religiosa (92% dos brasileiros são crentes, e apenas cerca de 8% da população declara não ter nenhuma religião), de modo que tal maioria acaba possuindo representatividade política expressiva. Ele elenca, ainda, que quatro partidos políticos, de um total de 35, são assumidamente cristãos (o Partido Trabalhista Cristão – PTC, o Partido Social Cristão – PSC, o Partido Humanista da Solidariedade – PHS, e o Partido Social Democrata Cristão – PSDC).[86]

Nesse contexto, o autor afirma que "proliferam-se candidatos (em grande parte posteriormente eleitos) promovidos em cultos e por seus ministros, em aproveitamento de sua posição de autoridade sacerdotal, o que tem atraído resposta da Justiça Eleitoral por meio da construção jurisprudencial do chamado *abuso do poder religioso* ou de *autoridade religiosa*".[87]

No contexto do processo eleitoral, entende-se que pode haver um desvirtuamento da prática religiosa – isto é, um abuso – quando o "discurso religioso se coloca como argumento de temor reverencial, recompensa ou ameaça divinas para a conquista do apoio do fiel eleitor".[88]

---

[86] PECCININ, Luiz Eduardo. *O discurso religioso na polícia brasileira*: democracia e liberdade religiosa no estado laico. Belo Horizonte: Fórum, 2018, p. 136.

[87] *Ibidem.*

[88] *Ibidem.* p. 145.

Segundo Amilton Kuffa:

Toda vez que amparado na fé e na crença das pessoas, a autoridade se utiliza de seu "privilégio religioso" sobre as pessoas que a seguem e confiam, com o intuito de se beneficiar politicamente para obter ilicitamente voto, considerada a gravidade das circunstâncias da conduta, desvirtua-se o direito constitucional à liberdade religiosa, configurando, assim, o ilícito eleitoral que se pode denominar abuso do poder religioso.[89]

Luiz Peccinin informa que, no âmbito jurisprudencial, o Tribunal Regional Eleitoral de Santa Catarina foi o primeiro a entender pela verificação de abuso em razão da malversação das práticas religiosas, no ano de 2007, quando formulou o entendimento de que "o atrelamento de pedidos de votos a crenças e práticas religiosas pode configurar abuso se houver influência indevida na liberdade da escolha do eleitor, o que demanda apuração (...)".[90]

No ano de 2013, o Tribunal Regional Eleitoral do Rio de Janeiro igualmente reprimiu práticas abusivas observadas em relação a condutas de líderes religiosos. Assim, a corte negou provimento ao recurso eleitoral nº 49.381 e manteve a condenação em primeira instância, por ato de abuso de poder, de candidato a vereador do município de Magé, apoiado pela Igreja Universal do Reino de Deus, em razão de atos de extensiva campanha eleitoral praticados pelos obreiros da igreja em seu benefício.

---

[89] KUFA, Amilton Augusto. O controle do poder religioso no processo eleitoral, à luz dos princípios constitucionais vigentes, como garantia do estado democrático de direito. *Revista Ballot*, Rio de Janeiro, v. 2, n. 1, p. 113-135, jan./abr. 2016.

[90] Ementa: "REPRESENTAÇÃO – CAPTAÇÃO E USO DE RECURSOS FINANCEIROS VEDADOS NA CAMPANHA – ILEGITIMIDADE ATIVA DO MINISTÉRIO PÚBLICO – INOCORRÊNCIA - RECEBIMENTO DE DOAÇÃO DIRETA OU INDIRETA DE ENTIDADE RELIGIOSA – ART. 24, VIII, E ART. 30-A DA LEI N. 9.504/1997 – AUSÊNCIA DE PROVA – IMPROCEDÊNCIA – VINCULAÇÃO DE PEDIDO DE VOTO À CRENÇA RELIGIOSA – ABUSO DE PODER – POSSIBILIDADE EM TESE – INVIABILIDADE DE EXAME NO CASO CONCRETO – EXCLUSÃO DO MÉRITO.
O Ministério Público Eleitoral é parte legítima para a propositura de representação fundada no art. 30-A da Lei n. 9.504/1997 pela sua legitimidade constitucional para a defesa da lisura dos pleitos.
Não havendo prova suficiente à demonstração do recebimento de recursos financeiros de fonte vedada, sua captação irregular ou existência de gastos ilícitos na campanha eleitoral, impõe-se a improcedência do pedido que se funda nessas causas.
O atrelamento de pedidos de votos a crenças e práticas religiosas pode configurar abuso se houver influência indevida na liberdade de escolha do eleitor, o que demanda apuração própria que, no caso, não foi pedida." (TRE-SC – RESP: 2458 SC, Relator: Márcio Luiz Fogaça Vicari, Data de Julgamento: 12/07/2007, Data de Publicação: DJE – Diário de JE, Data 24/07/2007).

Constou do acórdão que os pastores efetuaram verdadeira "pressão para que votassem no candidato indicado pela igreja, incitando um ambiente de temor e ameaça psicológica, na medida em que levavam a crer que o descumprimento das orientações, que mais pareciam ordens, representaria desobediência à instituição e uma espécie de desafio à vontade divina".

O Tribunal do Rio de Janeiro entendeu, assim, que era indiscutível a prática de um abuso, no sentido da exorbitância de um poder para influenciar os comportamentos alheios, e enquadrou os atos levados a julgamento no instituto do "uso indevido dos meios de comunicação social" por entender que a igreja, "enquanto veículo difusor de doutrinas, hábil a alcançar um número indeterminado de pessoas, é talvez o meio de comunicação social aberto mais poderoso de todos, porquanto detém a capacidade de lidar com um dos sentimentos mais intrigantes e transcendentais do ser humano: a fé".

O acórdão menciona, ademais, que já há posicionamento na doutrina pelo reconhecimento autônomo da prática do abuso do poder religioso, e que, independentemente da modalidade em que enquadrada a conduta, era certo que houve um abuso de "confiança e fidelidade de um sem número de seguidores, para atentar contra a liberdade de voto e equilíbrio na concorrência entre candidatos, merecendo a reprimenda legal, na forma do art. 22, XVI, da LC 64/90".

Desse modo, concluiu-se que, "apesar de não possuir regulamentação expressa, tal modalidade (abuso do poder religioso), caso não considerada como uso indevido dos meios de comunicação, merece a mesma reprimenda dada as categorias abusivas legalmente previstas".[91]

---

[91] Ementa: "RECURSO ELEITORAL. AÇÃO DE INVESTIGAÇÃO JUDICIAL ELEITORAL. ELEIÇÕES 2012. USO INDEVIDO DOS MEIOS DE COMUNICAÇÃO. ABUSO DO PODER RELIGIOSO. UTILIZAÇÃO DA IGREJA PARA INTENSA CAMPANHA ELEITORAL EM FAVOR DE CANDIDATO A VEREADOR. PREGAÇÕES, APELOS E PEDIDOS EXPRESSOS DE VOTOS. CITAÇÕES BÍBLICAS COM METÁFORAS ALUSIVAS AO BENEFICIÁRIO. PESQUISAS DE INTENÇÃO DENTRO DOS CULTOS. DISCURSOS DO CANDIDATO NO ALTAR. DISTRIBUIÇÃO DE MATERIAL PUBLICITÁRIO NA PORTA DA IGREJA. PRESSÃO PSICOLÓGICA RELATADA EM DEPOIMENTOS TESTEMUNHAIS. VIOLAÇÃO À MORALIDADE, À LIBERDADE DE VOTO E AO EQUILÍBRIO DA DISPUTA AO PLEITO. POTENCIALIDADE LESIVA IRRELEVANTE. GRAVIDADE DA CONDUTA CONFIGURADA. MANUTENÇÃO DA CASSAÇÃO OU DENEGAÇÃO DO DIPLOMA DO CANDIDATO E DA INELEGIBILIDADE DE TODOS OS REPRESENTADOS. DESPROVIMENTO DO RECURSO. 1) A entidade religiosa, enquanto veículo difusor de doutrinas apto a alcançar um número indeterminado de pessoas, é talvez o meio de comunicação social mais poderoso de todos, porquanto detém a capacidade de lidar com um dos sentimentos mais intrigantes e transcendentais do ser humano: a fé.2) Os depoimentos testemunhais demonstraram que os pastores

Em 2015, o Tribunal Regional Eleitoral do Rio de Janeiro novamente condenou atos considerados abusivos e atentatórios à liberdade do voto praticados por líderes religiosos da Igreja Universal do Reino de Deus, mas dessa vez essas foram enquadradas como abuso do poder econômico, em razão da utilização da estrutura da igreja, "cujos templos demandam investimentos econômicos de grande monta para a sua construção e manutenção", o que "ostenta gravidade suficiente para configurar o abuso de poder econômico (...)". O Tribunal se valeu, ainda, da proibição do recebimento direto ou indireto de recursos financeiros ou estimáveis em dinheiro oriundos de entidades religiosas (Lei nº 9.504/97, art. 24, inc. VIII).[92]

---

representados, muito mais do que apenas induzir ou influenciar os fiéis, efetuaram, ao longo do período eleitoral, uma pressão para que votassem no candidato indicado pela igreja, incitando um ambiente de temor e ameaça psicológica, na medida em que levavam a crer que o descumprimento das orientações, que mais pareciam ordens, representaria desobediência à instituição e uma espécie de desafio à vontade Divina.3) O abuso da confiança de um sem número de seguidores, representou conduta violadora à liberdade de voto e ao equilíbrio da concorrência entre candidatos.4) Propósito religioso que restou desvirtuado em prol de finalidades eleitoreiras, com templos transformados em verdadeiros comitês de campanha, cuja localização em áreas humildes da região pressupõe público-alvo, em princípio, mais suscetível a manipulações.5) A prática vem se mostrando cada vez mais freqüente na sociedade, levando alguns estudiosos a vislumbrar uma nova figura jurídica dentro do direito eleitoral: o abuso do poder religioso. Apesar de não possuir regulamentação expressa, tal modalidade, caso não considerada como uso indevido dos meios de comunicação, merece a mesma reprimenda dada as demais categoriais abusivas legalmente previstas.6) Recuso desprovido." (TRE-RJ – RE: 49381 RJ, Relator: Leonardo Pietro Antonelli, Data de julgamento: 17/06/2013, Data de Publicação: DJERJ – Diário de Justiça Eletrônico do TRE-RJ, Tomo 125, Data 24/06/2013, página 13/22).

[92] Ementa: AÇÃO DE INVESTIGAÇÃO JUDICIAL ELEITORAL. ELEIÇÕES 2014. ABUSO DE PODER ECONÔMICO. UTILIZAÇÃO DA ESTRUTURA DE ENTIDADE RELIGIOSA. PROCEDÊNCIA. 1. A gravação ambiental realizada no interior de templos religiosos não está maculada por nenhuma ilicitude, posto que produzida em local público com acesso franqueado a qualquer pessoa, não havendo qualquer reserva de conversação. Precedente desta Corte. Jurisprudência do STF.2. As gravações de áudio e vídeo carreadas aos autos deixam claro que os investigados realizaram verdadeiras campanhas políticas em prol de determinados candidatos durante suas pregações no interior dos templos da Igreja Universal do Reino de Deus, instigando os fiéis, inclusive, ao cometimento de práticas ilícitas.3. Não se sustentam as teses defensivas de que os sacerdotes teriam simplesmente externado suas preferências políticas, ante o questionamento de fiéis. Percebe-se, ao revés, que os investigados aproveitaram-se da sua liderança religiosa para incutir na mente dos seus discípulos em quais candidatos votar, afetando, de tal modo, a liberdade do voto e o equilíbrio que deve existir entre os postulantes a cargo eletivo.4. O próprio discurso dos pastores, assim como a pronta resposta dos fiéis quando perguntados sobre os números dos candidatos, deixam claro que não se trata de fatos isolados, mas sim de condutas que eram reiteradamente praticadas durante os cultos presididos pelos investigados. 5. A utilização da estrutura e, consequentemente, do poderio econômico da IURD, cujos templos demandam investimentos econômicos de grande monta para sua construção e manutenção, ostenta gravidade suficiente para configurar o abuso de poder econômico, sendo evidentes os benefícios auferidos por aqueles que tiveram suas candidaturas propagadas pelos bispos ora investigados.6. Trata-se, assim, da utilização indevida de

O Tribunal Superior Eleitoral se debruçou sobre o tema, no ano de 2017, ao julgar o Recurso Ordinário nº 26530/RO, em que se analisou um evento religioso, realizado pela Igreja Mundial do Poder de Deus, com a presença de grande quantidade de pessoas e com transmissão pela internet, em que o líder da igreja, Pastor Valdemiro Santiago, pediu exaustivamente votos para determinados candidatos que lá compareceram e, inclusive, subiram ao palco para receberem oração.

Naquela oportunidade, a corte entendeu pela impossibilidade de configuração de um novo tipo de abuso do poder sem previsão legal (o abuso do poder religioso), mas concluiu que os atos praticados pelos líderes religiosos podem configurar atos de abuso do poder econômico e uso indevido dos meios de comunicação social, desde que estes fossem transformados "em ato ostensivo ou indireto de propaganda eleitoral, com pedido de voto em favor de candidato", o que não estaria resguardado pelo princípio da liberdade de culto e crença.

Naquele caso, entretanto, o Tribunal entendeu que os fatos estariam concentrados "em um único evento, realizado no interior do estado, que se demonstrou ter sido transmitido apenas pela internet", de modo que a prática abusiva não foi caracterizada em razão do não reconhecimento do requisito da potencialidade para influenciar no resultado do pleito, que era indispensável para a caracterização do instituto à época.[93]

---

vultosos recursos econômicos capazes de desequilibrar a disputa eleitoral e influir no resultado do pleito, uma vez que não estão à disposição de todos os candidatos, até mesmo porque a legislação eleitoral proíbe aos partidos e candidatos o recebimento direto ou indireto de recursos financeiros ou estimáveis em dinheiro oriundos de entidades religiosas (Lei 9.504/97, art. 24, inc. VIII).7. Quanto ao quantitativo de presentes, ainda que se considere, em razão da ausência de prova em contrário, aqueles apontados pelas defesas e pelas testemunhas, tal número possuía grande capacidade de multiplicação, visto que os pastores pedem aos fiéis que angariem os votos de seus amigos e familiares, além de incitá-los à realização da propaganda de boca de urna, e as gravações evidenciam que o pedido de votos não ocorreu somente nos cultos nos quais ocorreram as gravações, tratando-se de uma conduta que já havia sido praticada antes.8. Procedência do pedido, decretando-se a inelegibilidade dos investigados pelo período de 8 (oito) anos a contar das eleições de 2014, na forma do art. 22, inc. XIV, da LC 64/90." (TRE-RJ – AIJE: 800671 Rio de Janeiro – RJ, Relator: Marco José Mattos Couto, Data de Julgamento: 02/12/2015, Data de Publicação: DJERJ – Diário da Justiça Eletrônico do TRE-RJ, Tomo 250, Data 09/12/2015, Página 24/25).

[93] Ementa: ELEIÇÕES 2010. RECURSOS ORDINÁRIOS. RECURSO ESPECIAL. AÇÃO DE INVESTIGAÇÃO JUDICIAL ELEITORAL. ABUSO DO PODER ECONÔMICO. USO INDEVIDO DOS MEIOS DE COMUNICAÇÃO SOCIAL E ABUSO DO PODER POLÍTICO OU DE AUTORIDADE. NÃO CONFIGURAÇÃO.
1. Os candidatos que sofreram condenação por órgão colegiado pela prática de abuso do poder econômico e político têm interesse recursal, ainda que já tenha transcorrido o prazo inicial de inelegibilidade fixado em três anos pelo acórdão regional. Precedentes.

2. Abuso do poder religioso. Nem a Constituição da República nem a legislação eleitoral contemplam expressamente a figura do abuso do poder religioso. Ao contrário, a diversidade religiosa constitui direito fundamental, nos termos do inciso VI do artigo 5º, o qual dispõe que: "É inviolável a liberdade de consciência e de crença, sendo assegurado o livre exercício dos cultos religiosos e garantida, na forma da lei, a proteção aos locais de culto e a suas liturgias".

3. A liberdade religiosa está essencialmente relacionada ao direito de aderir e propagar uma religião, bem como participar dos seus cultos em ambientes públicos ou particulares. Nesse sentido, de acordo com o art. 18 da Declaração Universal dos Direitos Humanos, "toda pessoa tem direito à liberdade de pensamento, de consciência e de religião; este direito implica a liberdade de mudar de religião ou de convicção, assim como a liberdade de manifestar a religião ou convicção, sozinho ou em comum, tanto em público como em privado, pelo ensino, pela prática, pelo culto e pelos ritos".

4. A liberdade religiosa não constitui direito absoluto. Não há direito absoluto. A liberdade de pregar a religião, essencialmente relacionada com a manifestação da fé e da crença, não pode ser invocada como escudo para a prática de atos vedados pela legislação.

5. Todo ordenamento jurídico deve ser interpretado de forma sistemática. A garantia de liberdade religiosa e a laicidade do Estado não afastam, por si sós, os demais princípios de igual estatura e relevo constitucional, que tratam da normalidade e da legitimidade das eleições contra a influência do poder econômico ou contra o abuso do exercício de função, cargo ou emprego na administração direta ou indireta, assim como os que impõem a igualdade do voto e de chances entre os candidatos.

6. Em princípio, o discurso religioso proferido durante ato religioso está protegido pela garantia de liberdade de culto celebrado por padres, sacerdotes, clérigos, pastores, ministros religiosos, presbíteros, épíscopos, abades, vigários, reverendos, bispos, pontífices ou qualquer outra pessoa que represente religião. Tal proteção, contudo, não atinge situações em que o culto religioso é transformado em ato ostensivo ou indireto de propaganda eleitoral, com pedido de voto em favor dos candidatos.

7. Nos termos do art. 24, VIII, da Lei nº 9.504/97, os candidatos e os partidos políticos não podem receber, direta ou indiretamente, doação em dinheiro ou estimável em dinheiro, inclusive por meio de publicidade de qualquer espécie proveniente de entidades religiosas.

8. A proibição legal de as entidades religiosas contribuírem financeiramente para a divulgação direta ou indireta de campanha eleitoral é reforçada, para os pleitos futuros, pelo entendimento majoritário do Supremo Tribunal Federal no sentido de as pessoas jurídicas não poderem contribuir para as campanhas eleitorais (ADI nº 4.650, rel. Min. Luiz Fux).

9. A propaganda eleitoral não pode ser realizada em bens de uso comum, assim considerados aqueles a que a população em geral tem acesso, tais como os templos, os ginásios, os estádios, ainda que de propriedade privada (Lei nº 9.504/97, art. 37, caput e §4º).

10. O candidato que presencia atos tidos como abusivos e deixa a posição de mero expectador para, assumindo os riscos inerentes, participar diretamente do evento e potencializar a exposição da sua imagem não pode ser considerado mero beneficiário. O seu agir, comparecendo no palco em pé e ao lado do orador, que o elogia e o aponta como o melhor representante do povo, caracteriza-o como partícipe e responsável pelos atos que buscam a difusão da sua imagem em relevo direto e maior do que o que seria atingido pela simples referência à sua pessoa ou à sua presença na plateia (ou em outro local).

11. Ainda que não haja expressa previsão legal sobre o abuso do poder religioso, a prática de atos de propaganda em prol de candidatos por entidade religiosa, inclusive os realizados de forma dissimulada, pode caracterizar a hipótese de abuso do poder econômico, mediante a utilização de recursos financeiros provenientes de fonte vedada. Além disso, a utilização proposital dos meios de comunicação social para a difusão dos atos de promoção de candidaturas é capaz de caracterizar a hipótese de uso indevido prevista no art. 22 da Lei das Inelegibilidades. Em ambas as situações e conforme as

Conforme explicitado no tópico 3.2.3, o posicionamento do Tribunal Superior Eleitoral no sentido de rechaçar a existência do abuso do poder religioso como instituto autônomo foi reafirmado, em 2020, no julgamento do RE 8285.

Com base na jurisprudência do Tribunal Superior Eleitoral, observou-se, já no pleito de 2018, uma maior reprimenda àquilo que seria uma participação "abusiva" das igrejas no pleito. No Estado do Rio de Janeiro, o juiz responsável pela fiscalização da propaganda, Mauro Nicolau, expediu "aviso" no sentido de recomendar aos líderes religiosos que seria "vedada pela legislação eleitoral a veiculação de propaganda eleitoral, seja de forma verbal, seja de forma impressa (informativos, impressos), nos referidos templos, advertindo-lhes que a inobservância dessas proibições pode ensejar a aplicação de multa pela Justiça Eleitoral e interdição do templo".[94]

Segundo constava do aviso, "a veiculação de propaganda eleitoral nos templos, nas imediações, e abordando pessoas que comparecem nos cultos revestem-se de caráter de absoluta ilegalidade". Para o juiz, tal proibição decorreria do art. 37 da Lei nº 9504/97, que veda a veiculação de propaganda eleitoral em bens de uso comum do povo, bem como em razão de possível caracterização de prática de abuso do poder econômico, por serem as entidades religiosas fontes vedadas de doação às campanhas eleitorais.

Ainda, dizia o aviso:

> O culto traduz um momento em que a relação entre a pessoa e Deus ou entidade que corresponda à fé que professa se afirma e reforça, pois nele o encontro com Deus se faz presente pelo diálogo. É esse um dos momentos capitais de expressão de fé e afirmação religiosa.

---

circunstâncias verificadas, os fatos podem causar o desequilíbrio da igualdade de chances entre os concorrentes e, se atingir gravemente a normalidade e a legitimidade das eleições, levar à cassação do registro ou do diploma dos candidatos eleitos.

12. No presente caso, por se tratar das eleições de 2010, o abuso de poder deve ser aferido com base no requisito da potencialidade, que era exigido pela jurisprudência de então e que, não se faz presente no caso concreto em razão de suas circunstâncias.

Recurso especial do pastor investigado recebido como recurso ordinário.

Recursos ordinários dos investigados providos para julgar improcedente a ação de investigação judicial eleitoral.

Recurso especial da Coligação Rondônia Melhor para Todos, autora da AIJE, prejudicado. (TSE-RO: 26530 Porto velho – RO, Relator: Henrique Neves da Silva, Data de julgamento: 07/03/2017, Data de Publicação: DJE – Diário de justiça eletrônico, Data 05/01/2017).

[94] "Sem ninguém pedir, juiz proíbe propaganda eleitoral perto de igrejas". Disponível em: https://www.conjur.com.br/2018-set-12/ninguem-pedir-juiz-proibe-propaganda-eleitoral-perto-igreja. Acesso em: 09 jun. 2021.

Não se trata, portanto, do momento nem do local apropriados para se realizar propaganda eleitoral. Além do desrespeito às pessoas presentes ao culto, o desvirtuamento do ato religioso em propaganda eleitoral é ilícito.

Neste sentido, interessante destacar que é muito comum, hodiernamente, que a propaganda eleitoral também possa ocorrer de forma intercalada em determinado discurso, isto é, o líder religioso se aproveita de determinada oportunidade para citar o nome de determinado candidato para que aqueles liderados possam demonstrar apoio, sendo que tal prática também se encontra abarcada no ilícito eleitoral.

O contexto narrado evidencia, portanto, que há uma preocupação cada vez maior com o papel desempenhado pelos líderes religiosos e pelas igrejas na democracia brasileira e, especialmente, com o protagonismo da religião na seara das eleições. Entretanto, algumas considerações devem ser feitas: em um país majoritariamente cristão, em que a religiosidade desempenha um importante papel na vida das pessoas, deve-se esperar que as igrejas se distanciem completamente do debate político? Existe um limite entre a liberdade religiosa e um desvio de finalidade no papel dos líderes religiosos? E, por fim, acaso se entenda que os líderes religiosos possam exorbitar em seus papéis, é possível admitir que isso configure o instituto jurídico do abuso do poder? Essas são as perguntas que se buscará responder no presente capítulo.

6.1 Os bens jurídicos em jogo: "liberdade religiosa" *vs* "laicidade estatal" e "legitimidade do pleito"

O art. 5º, VI, da Constituição da República positiva o princípio da liberdade religiosa ao preceituar que "é inviolável a liberdade de consciência e de crença, sendo assegurado o livre exercício dos cultos religiosos e garantida, na forma da lei, a proteção aos locais de culto e a suas liturgias". Por sua vez, o art. 19, I, da CRFB positiva o princípio da laicidade estatal ao vedar à União, aos Estados, ao Distrito Federal e aos Municípios que estabeleçam "cultos religiosos ou igrejas, subvencioná-los, embaraçar-lhes o funcionamento ou manter com eles ou seus representantes relações de dependência ou aliança, ressalvada, na forma da lei, a colaboração de interesse público".

O estado laico é aquele que, em contraponto à ideia de estado confessional, não possui uma religião oficial. Por sua vez, isso não significa que esse será um estado ateu, ou que haverá uma postura estatal de hostilidade às religiões, mas sim que esse protege a liberdade de qualquer crença, inclusive a liberdade de descrença, sem conferir benesses especiais a um credo determinado.

Maria Claudia Bucchanieri, ao se pronunciar sobre a ideia de laicidade, ensina que a "separação entre Estado e Igreja nada mais é do que uma garantia fundamental (direito-garantia), voltada especificamente à proteção dos direitos integrantes do conceito maior de liberdade religiosa". Assim, afirma que, para que o estado confira máxima efetividade ao princípio da liberdade religiosa, este "deve manter uma conduta, em relação às instituições religiosas, fundada nos parâmetros de neutralidade axiológica e de não-ingerência institucional e dogmática (...)".[95]

Por meio do requisito da neutralidade axiológica, entende-se que o Estado deve preservar o voluntarismo em matéria de fé, ou seja, deve manter uma postura neutra para não influenciar no livre mercado de ideias religiosas e nas escolhas individuais. Em razão da ideia de não-ingerência dogmática, o Estado deve se abster de comportamentos valorativos relacionados às premissas da fé e a sua doutrina, deixando que os indivíduos formem a sua opinião acerca da validade ou não das verdades professadas e, do mesmo modo, preceitua que os assuntos internos da igreja, como seus ritos e liturgias, devem permanecer em esfera reservada à própria igreja.[96]

Daniel Sarmento acrescenta que a laicidade estatal é um princípio que opera em duas direções, de modo que, além de garantir uma não ingerência do Estado na dogmática religiosa, igualmente "protege o Estado de influências indevidas provenientes da seara religiosa, impedindo todo tipo de confusão entre o poder secular e democrático".[97] Sendo assim, nessa segunda dimensão da laicidade estatal, o Estado é protegido da religião.

Sarmento esclarece, também, que não se deve confundir a laicidade com a animosidade diante da expressão pública de religião, que seria o laicismo. Em suas palavras:

---

[95] PINHEIRO, Maria Claudia Bucchianieri. Liberdade religiosa, separação Estado-Igreja e o limite da influência dos movimentos religiosos na adoção de políticas públicas: Aborto, contraceptivos, células-troncos e casamento homossexual. *In: revista de informações legislativas*. Ano 45. n. 180. out./dez. 2008. Brasília: Senado Federal, 2008. p. 347-373.

[96] *Ibidem.*

[97] SARMENTO, Daniel. O crucifixo nos tribunais e a laicidade do Estado. *Revista Eletrônica da PRPE*. Pernambuco, ano 5, maio. 2007.

Com efeito, a correta leitura da laicidade deve compreendê-la como uma garantia da liberdade religiosa, e não como um princípio que a ela se oponha. Nesse sentido, *considero incompatível com o sistema constitucional brasileiro certa visão que se mostra refratária à manifestação pública da religiosidade pelos indivíduos e grupos que compõem a Nação, e que busca valer-se do Estado para diminuir a importância da religião na esfera social.* Por isso, penso que seria constitucionalmente inadmissível a aplicação no Brasil de medidas adotadas em nome da laicidade por países como a França e a Turquia – que, *em nome desse princípio, restringiram certas manifestações religiosas dos seus cidadãos em espaços públicos,* com destaque para a proibição do uso do véu islâmico por jovens muçulmanas em escolas públicas.[98]

Sendo assim, consciente de que o princípio da laicidade não significa uma hostilidade pública às religiões, mas, pelo contrário, serve ao fim de efetivar a liberdade religiosa, Maria Claudia Bucchianieri Pinheiro esclarece que nenhum indivíduo ou entidade pode ser privado de seus direitos por professar uma fé, "pois não há que se falar em liberdade religiosa naqueles Estados em que a filiação a uma crença se traduz em automática restrição de direitos, em clara demonstração de hostilidade religiosa e em nítido descompasso com a neutralidade demandada por um regime de separação que se funde na maximização da liberdade".[99]

Desse modo, entende que não são legítimas as normas que proíbam fiéis ou autoridades religiosas de assumirem cargos públicos, inclusive os eletivos, ou de participarem da política. Destarte, preceitua que os movimentos religiosos devem ser encarados como grupos de interesse, que desejam convencer a sociedade quanto às suas ideias, sendo certo que as igrejas, além de se posicionarem em relação a assuntos acerca da fé, também possuem suas convicções acerca de variados assuntos que afetam a vida em sociedade, incluindo, obviamente, os assuntos de ordem política.

Maria Claudia conclui:

> (...) não há – nem pode haver – nada na cláusula da separação Estado-Igreja que se traduza num juízo de valor negativo a respeito do importante papel desempenhado pelas religiões na sociedade, do próprio conteúdo de suas doutrinas de fé, e da participação dos grupos religiosos nos processos de tomada de decisões políticas.

---

[98] *Ibidem.*

[99] PINHEIRO, Maria Claudia Bucchianieri, *op. cit.*

O ABUSO DO PODER RELIGIOSO | 101

(...) ao mesmo tempo em que é vedado ao Estado professar determinada religião (como ocorre nos Estados confessionais) ou emitir sinais aptos a serem interpretados como mensagens de preferência por específica crença, *também lhe é proibido, por igual, assumir uma postura de hostilidade religiosa e, por isso mesmo, de aberta difusão de uma crença atéia, agnóstica, ou simplesmente anti-religiosa.* Pois, se ao Estado impõe-se uma postura de neutralidade e de não-interferência em matéria de religião, então não se pode admitir seja ele utilizado como instrumento de pregação de qualquer postura individual em relação à fé (seja ela de aderência a uma específica religião, seja ela de rejeição a todas as crenças), sob pena de violação, por igual modo, da cláusula de separação.

(...)

O fato, portanto, é o de que a cláusula da separação Estado-Igreja jamais pode ser interpretada em qualquer sentido que a faça coincidir com a noção mesma de hostilidade religiosa. *Num Estado que seja democrático e plural, grupos religiosos, assim como os demais grupos veiculadores de determinados posicionamentos filosóficos, morais ou políticos, devem ter assegurado não só o seu lugar no espaço público de discussões e debates, mas também o seu direito de tentar fazer prevalecer, no corpo social, suas específicas mundividências.*[100]

Sendo assim, diante das premissas estabelecidas, tem-se que o princípio da laicidade estatal não importa em uma vedação a que líderes e fiéis religiosos se imiscuam no campo da política, manifestando livremente suas opiniões e buscando, inclusive, o convencimento dos demais. Vedar que autoridades e fiéis religiosos expressem sua opinião política e, se quiserem e caso cumpram os demais requisitos, busquem um ingresso na vida pública, candidatando-se a cargos eletivos, significaria uma repressão a direitos políticos fundamentais pela simples razão do credo que professam, o que não se coaduna com a ideia da liberdade religiosa e muito menos com a ideia de laicidade.

Desta feita, no presente estudo, em que se busca estabelecer se há limites objetivos para a atuação dos líderes religiosos nas campanhas eleitorais, a primeira conclusão a que se chega é que não se pode esperar e tampouco exigir que tais líderes se distanciem do debate político, uma vez que isso vai de encontro à ideia da liberdade religiosa e da laicidade do Estado.

O princípio da liberdade religiosa respalda que autoridades eclesiásticas manifestem livremente sua opinião política, seu apoio a

---

[100] *Ibidem.*

determinados candidatos e, inclusive, peçam votos e façam campanhas, assim como qualquer outro cidadão em pleno exercício dos seus direitos políticos.

Por sua vez, ao analisarmos um eventual abuso do poder praticado por líderes e entidades religiosas, os bens jurídicos contrapostos são, de um lado, a liberdade religiosa e, do outro, a laicidade e a legitimidade das eleições. Conforme se viu, as manifestações públicas acerca de assuntos políticos praticadas por líderes religiosos não ferem o princípio da laicidade. Ademais, defende-se que tais práticas igualmente não violam a legitimidade das eleições, pois o simples exercício da liberdade de expressão de tais pessoas – por meio de manifestação de apoio político, de exaltação das qualidades pessoais ou até mesmo de pedidos de votos a determinados candidatos – não limita o livre exercício do voto dos fiéis, vez que, salvo casos excepcionais, não importam em coação, ameaça ou promessas de recompensas divinas.

Em suma: não se pode confundir o simples pedido de votos ou manifestação de opinião política de autoridade religiosa com a indução do voto dos fiéis baseada no temor reverencial – esta sim, caso ocorra, merecerá a reprimenda legal.

Ocorre que, conforme será exposto no próximo tópico, o entendimento conferido pelo Tribunal Superior Eleitoral à temática, no julgamento do Recurso Ordinário nº 265.308, de relatoria do Ministro Henrique Neves da Silva, ocorrido no ano de 2017, e que vem sendo adotado pelo TSE e pelos tribunais regionais, apesar de evidenciar uma preocupação da corte com a liberdade de crença, parece ferir tal postulado, vez que, na prática, impede os líderes eclesiásticos de utilizarem a estrutura dos templos religiosos para promoverem o debate político.

6.2 A tese do abuso do poder econômico praticado pelos líderes religiosos e a vedação à veiculação de propaganda eleitoral em "bens de uso comum do povo"

No julgamento do Recurso Ordinário nº 265.308, de relatoria do Ministro Henrique Neves da Silva,[101] no qual se discutiu suposto "abuso do poder religioso", a tese vitoriosa no Tribunal Superior

---

[101] Tribunal Superior Eleitoral, Recurso Ordinário nº 265308. Relator Ministro Henrique Neves da Silva. Diário de Justiça Eletrônico, 05 abr. 2017. p. 20-21.

Eleitoral foi aquela em que se consagrou o princípio da liberdade de crença, prestigiando-se a liberdade de expressão dos líderes religiosos e permitindo, inclusive, que estes se manifestem acerca das pautas políticas, mas que também fixou limites para a participação das igrejas nas campanhas eleitorais. Tal entendimento foi fundamentado na vedação à veiculação de propaganda em bens de uso comum do povo e de possível prática de abuso do poder econômico, tendo em vista a vedação às doações para campanhas eleitorais por parte das entidades religiosas.

No entanto, entende-se que tal solução não foi a mais adequada, tendo em vista os bens jurídicos em jogo (liberdade religiosa, laicidade estatal e legitimidade das eleições), para tratar da matéria. Isso se deu porque, apesar do pronunciamento do Tribunal Superior Eleitoral ter muito bem consagrado o princípio da liberdade de crença, as limitações colocadas foram tão restritivas, que acabaram por suprimir referida liberdade.

Não há como se entender pela licitude das manifestações políticas de um líder religioso, mas impedir tal prática na estrutura do seu templo – justamente o local por excelência em que se expressa acerca das diversas temáticas que lhe são afetas – em razão do entendimento que prega que utilizar tal estrutura esbarraria em uma fonte vedada de financiamento de campanha. Tampouco parece haver liberdade de expressão do líder religioso quando ele não pode fazer "propaganda eleitoral em bem de uso comum do povo" (templos religiosos), partindo-se de uma leitura de propaganda eleitoral que inclui o pedido implícito de voto, a exaltação das qualidades pessoais do candidato e até mesmo os polêmicos "pedidos de oração".

Na realidade, o que fez o Tribunal Superior Eleitoral foi, preocupado com a complexa realidade de protagonismo das igrejas no pleito, punir um abuso do poder religioso por via transversa.[102] Entretanto, tal iniciativa se mostrou inadequada na medida em que limitou a liberdade de crença e expressão dos líderes religiosos sem a devida ponderação dos bens jurídicos envolvidos. Desse modo, entende-se que as premissas utilizadas pela corte para punir o "abuso do poder econômico" se mostraram equivocadas.

---

[102] Nesse sentido, Luiz Eduardo Peccinin: "(...) a jurisprudência tem reconhecido aquele abuso do poder ou de autoridade religiosa por via transversa, a partir do abuso do poder econômico, de autoridade e dos meios de comunicação social (...)". *In:* PECCININ, Luiz Eduardo, *op. cit.*, p. 144.

Isso ocorre porque a jurisprudência da Justiça Eleitoral reconhece que as entidades religiosas constituem fontes vedadas de doação às campanhas (art. 24, VIII, Lei nº 9.504/97)[103] e, portanto, eventos realizados às suas expensas, por não constarem da prestação de contas de campanhas dos candidatos, caracterizariam um abuso do poder econômico. Entretanto, ainda que fosse o caso, a jurisprudência do Tribunal Superior Eleitoral firmou o entendimento de que não é qualquer irregularidade na prestação de contas, ou mesmo a ocorrência de uma fonte vedada de financiamento, que irá implicar na prática do abuso do poder econômico, vez que este pressupõe a gravidade da conduta.

Não obstante, em decisão do Tribunal Regional Eleitoral do Rio de Janeiro, o abuso do poder econômico foi caracterizado em razão de atos terem sido praticados em templo religioso que custou vultosa quantia para ser construído[104] – entretanto, o templo não fora construído

---

[103] Art. 24, VIII, Lei 9.504/97: É vedado, a partido e candidato, receber direta ou indiretamente doação em dinheiro ou estimável em dinheiro, inclusive por meio de publicidade de qualquer espécie, procedente de:
(...)
VIII – entidades beneficentes e religiosas.

[104] AÇÃO DE INVESTIGAÇÃO JUDICIAL ELEITORAL. ELEIÇÕES 2014. ABUSO DE PODER ECONÔMICO. UTILIZAÇÃO DA ESTRUTURA DE ENTIDADE RELIGIOSA. PROCEDÊNCIA. 1. A gravação ambiental realizada no interior de templos religiosos não está maculada por nenhuma ilicitude, posto que produzida em local público com acesso franqueado a qualquer pessoa, não havendo qualquer reserva de conversação. Precedente desta Corte. Jurisprudência do STF. 2. As gravações de áudio e vídeo carreadas aos autos deixam claro que os investigados realizaram verdadeiras campanhas políticas em prol de determinados candidatos durante suas pregações no interior dos templos da Igreja Universal do Reino de Deus, instigando os fiéis, inclusive, ao cometimento de práticas ilícitas. 3. Não se sustentam as teses defensivas de que os sacerdotes teriam simplesmente externado suas preferências políticas, ante o questionamento de fiéis. Percebe-se, ao revés, que os investigados aproveitaram-se da sua liderança religiosa para incutir na mente dos seus discípulos em quais candidatos votar, afetando, de tal modo, a liberdade do voto e o equilíbrio que deve existir entre os postulantes a cargo eletivo. 4. O próprio discurso dos pastores, assim como a pronta resposta dos fiéis quando perguntados sobre os números dos candidatos, deixam claro que não se trata de fatos isolados, mas sim de condutas que eram reiteradamente praticadas durante os cultos presididos pelos investigados. 5. *A utilização da estrutura e, consequentemente, do poderio econômico da IURD, cujos templos demandam investimentos econômicos de grande monta para sua construção e manutenção, ostenta gravidade suficiente para configurar o abuso de poder econômico, sendo evidentes os benefícios auferidos por aqueles que tiveram suas candidaturas propagadas pelos bispos ora investigados. 6. Trata-se, assim, da utilização indevida de vultosos recursos econômicos capazes de desequilibrar a disputa eleitoral e influir no resultado do pleito, uma vez que não estão à disposição de todos os candidatos, até mesmo porque a legislação eleitoral proíbe aos partidos e candidatos o recebimento direto ou indireto de recursos financeiros ou estimáveis em dinheiro oriundos de entidades religiosas (Lei 9.504/97, art. 24, inc. VIII).* 7. Quanto ao quantitativo de presentes, ainda que se considere, em razão da ausência de prova em contrário, aqueles apontados pelas defesas e pelas testemunhas, tal número possuía grande capacidade de multiplicação, visto que os pastores pedem aos fiéis que angariem os votos de seus amigos e familiares,

em razão da campanha eleitoral e muito menos com vistas a beneficiar determinado candidato.

O abuso do poder econômico, segundo definição da doutrina e também da jurisprudência eleitoral, consiste no uso desmedido ou desvirtuado dos recursos financeiros, de modo a desequilibrar o pleito em favor de determinado candidato. Nesses casos de uso do templo religioso, não há um uso desmedido de dinheiro a causar desequilíbrio, uma vez que aqueles templos não foram construídos e, salvo exceções, estruturas de eventos religiosos não foram montadas para beneficiar os candidatos, mas a presença dos candidatos são situações meramente incidentais na rotina de uma entidade religiosa.

Assim, a premissa de punir o abuso do poder econômico é equivocada, pois não é o dinheiro que fere a legitimidade do pleito nesses casos, mas sim – e ressalvando situações excepcionais, aferíveis no caso concreto –, o que pode ferir a legitimidade é o abuso da confiança que os fiéis depositam em seu líder, por meio de práticas de coação, ameaça ou promessa de recompensa.

Desse modo, seguir a punir um abuso do poder econômico sem uma reflexão crítica acerca do instituto viola a liberdade de expressão e de crença dos líderes religiosos, que são impedidos de manifestar suas predileções e manifestações políticas nos templos que lideram.

Ainda, impedir qualquer manifestação acerca de temas afetos à política nos templos religiosos em razão da vedação à veiculação de propaganda religiosa em bens de uso comum do povo igualmente restringe a liberdade de crença.

Isso se dá porque o conceito de propaganda eleitoral não pode ser confundido com a manifestação de opinião política desvinculada do pedido explícito de votos. Defende-se, portanto, que não podem ser enquadradas como a prática de veiculação de propaganda eleitoral nos templos os polêmicos "pedidos de oração", ou as ditas "mensagens subliminares", por meio da citação de parábolas ou outras passagens bíblicas envolvendo os candidatos, pois isso é mero exercício da liberdade de expressão dos líderes.

---

além de incitá-los à realização da propaganda de boca de urna, e as gravações evidenciam que o pedido de votos não ocorreu somente nos cultos nos quais ocorreram as gravações, tratando-se de uma conduta que já havia sido praticada antes. 8. Procedência do pedido, decretando-se a inelegibilidade dos investigados pelo período de 8 (oito) anos a contar das eleições de 2014, na forma do art. 22, inc. XIV, da LC 64/90. TRE-RJ, Ação de Investigação Judicial Eleitoral nº 8006-71. Relator Marco José Mattos Couto. DJe 19 out. 2015. p. 18-22.

Assim, para os casos de manifestação política dos líderes religiosos devem ser adotadas, com o fim de definir o que seria uma propaganda eleitoral proibida nos templos religiosos, as mesmas balizas introduzidas no art. 36-A da Lei nº 9.504/97, que, ao dispor sobre o instituto da propaganda antecipada, taxativamente prevê que não configuram propaganda eleitoral, desde que não constituam pedido explícito de votos, a menção à pretensa candidatura e a exaltação das qualidades pessoais.

Ainda, o parágrafo 2º do referido artigo preleciona que igualmente não está incluído no conceito de propaganda eleitoral o pedido de apoio político e a divulgação das ações políticas desenvolvidas e das que se pretende desenvolver.

Desse modo, o ato de propaganda eleitoral praticado em templo religioso é aquele que inclui, por exemplo, a distribuição de material gráfico, de adesivos, bandeiras ou outros impressos que veiculem o número do candidato, sendo imprescindível para a sua caracterização o pedido de votos. Outras interpretações violam o princípio da liberdade de expressão e da liberdade de crença, o que não merece ser tolerado.

6.3 A desejável coibição ao abuso do poder religioso

O poder religioso, em realidade, diz respeito a um poder carismático dos líderes religiosos. Estes são autoridades cuja fonte do poder se baseia no carisma pessoal, na devoção e na confiança que determinadas pessoas depositam neles. Os líderes têm a tarefa de guiá-las, não por força de uma dominação econômica, da lei ou dos costumes, mas pela fé individual.

Segundo a lição de Bobbio, o poder carismático estaria "fundado na dedicação afetiva à pessoa do chefe e ao caráter sacro, à força heróica, ao valor exemplar ou ao Poder de espírito e da palavra que o distinguem de modo especial". Para ele, "quem comanda é verdadeiramente o líder (o profeta, o herói guerreiro, o grande demagogo) e aqueles que prestam obediência são os discípulos".[105]

Percebe-se, assim, que o poder religioso tem contornos bem definidos, de modo que o que pode ter o condão de ferir a legitimidade das eleições são os abusos em relação a esse poder carismático, isto é, ao poder de persuasão e da consequente obediência incondicional que

---

[105] BOBBIO, Norberto; MATTEUCI, Nicola; PASQUINO, Gianfranco, *op. cit.*, p. 940.

O ABUSO DO PODER RELIGIOSO | 107

os fiéis depositam em seus líderes, e não um poder econômico, que seria verificado pelo simples uso das estruturas dos templos religiosos.

Destarte, entende-se que haveria um "abuso do poder religioso" não quando um líder religioso expressasse o seu apoio a determinado candidato – independente de tal ato se dar dentro de um templo religioso ou não – ou permitisse o ingresso de determinado candidato em sua igreja para fazer uso da palavra ou receber orações, vez que tais atos estão englobados nas ideias de liberdade de crença e de expressão.

O abuso do poder que tem o condão de afetar a legitimidade das eleições é aquele verificável quando há um desvirtuamento do poder carismático do líder por meio do mal uso da confiança e obediência que nele são depositadas. Este se dá, basicamente, quando há uma indução de voto irresistível ao fiel, praticada, por exemplo, mediante coação, ameaça ou promessa de recompensa para obtenção de votos.

O foco da coibição, portanto, deve estar no abuso do carisma do líder, e não no abuso do poder econômico, o que acaba por eliminar, por via transversa, a liberdade de expressão dos líderes religiosos, ao suprimir deles a possibilidade de uso das estruturas das entidades religiosas.

O judiciário brasileiro já reconheceu a prática do crime de extorsão levada a cabo por líder religioso em razão de ameaças espirituais. No julgamento do REsp 1299021, o Superior Tribunal de Justiça fixou o entendimento de que a ameaça de mal espiritual não pode ser considerada inidônea ou inacreditável, mas sim que essas possuem força para constranger o homem médio. Por oportuno, cita-se o seguinte trecho:

> A ameaça de mal espiritual, em razão da garantia de liberdade religiosa, não pode ser considerada inidônea ou inacreditável. Para a vítima e boa parte do povo brasileiro, existe a crença na existência de forças sobrenaturais, manifestada em doutrinas e rituais próprios, não havendo falar que são fantasiosas e que nenhuma força possuem para constranger o homem médio. Os meios empregados foram idôneos, tanto que ensejaram a intimidação da vítima, a consumação e o exaurimento da extorsão.[106]

Desse modo, esse é um exemplo de conduta que deveria ser coibida, por meio do instituto do abuso do poder, caso praticada em campanha eleitoral com o intuito da obtenção de voto (e desde que

---

[106] Superior Tribunal de Justiça. REsp 1299021/SP. Relator Ministro Rogerio Schietti Cruz, 6ª Turma. DJe 23 fev. 2017.

presentes, é claro, os demais requisitos para a configuração da prática abusiva), pois há um claro desvirtuamento da autoridade religiosa e o condão de afetar o bem jurídico protegido da legitimidade das eleições, por ferir a liberdade do voto.

Em suma: o que deve ser analisado é o mal uso do carisma e da confiança para a obtenção de votos, desde que graves o suficiente para violar a legitimidade do pleito e a igualdade de chances entre os postulantes.

Entretanto, é certo que, conforme entendimento do próprio Tribunal Superior Eleitoral, não há previsão expressa na lei vedando o abuso do poder religioso, de modo que este é um tipo de abuso estranho ao direito brasileiro.

Já se rechaçou, no capítulo 3, uma leitura ampliativa do conceito de autoridade para fins de abuso do poder, pois este não encontra espaço no sistema de normas eleitorais e viola os direitos políticos fundamentais por meio de uma analogia punitivista e de uma interpretação extensiva.

Entretanto, não se ignora o fato de que há um crescente fenômeno brasileiro de protagonismo das entidades religiosas nos pleitos eleitorais, e cujas atuações podem extrapolar a liberdade de crença e invadir a esfera de individualidade do fiel por meio de uma violação à sua liberdade do voto, sempre que se trasmudar em coação, ameaça ou promessa de recompensa.

Sendo assim, defende-se no presente trabalho que, tendo em vista o condão do abuso do poder religioso de violar a legitimidade do pleito e a liberdade do voto, é desejável que se inove no ordenamento jurídico brasileiro, por meio da atividade legiferante, para que se positive a vedação a um abuso do poder de autoridade religiosa.

Ademais, tem-se que, em razão de ponderação com o princípio da liberdade de crença e laicidade estatal, tal abuso apenas será *verificável no caso concreto quando houver um mal uso da confiança depositada pelos fiéis nos líderes, por meio de práticas que se aproximam da coação irresistível, ameaça ou promessas de recompensa.*

A coação irresistível, em temática de fé, ocorre quando determinado candidato é apresentado perante a "igreja" como sendo o escolhido por Deus para vencer o pleito, de modo que não votar no escolhido significa desrespeitar a vontade divina. Nesse mesmo sentido vem a ideia de ameaça, verificável quando os fiéis sentem verdadeiro medo de não votar nos escolhidos e, com isso, ferir preceitos religiosos que podem custar, inclusive, a salvação de suas almas. A desobediência ao voto incitado pelo líder se mescla com a ideia bíblica do pecado.

A promessa de recompensa, por sua vez, se dá por meio da crença de que o voto incitado representa a materialização da vontade divina, de modo que votar no candidato indicado significa obedecer a Deus, o que gera, como consequência, prosperidade e milagres na vida dos fiéis.

Na doutrina evangélica, tais práticas foram denunciadas sob a nomenclatura *"voto do cajado"* – em referência ao instrumento usado pelos pastores para tocar animais e como alusão à prática do "voto do cabresto" praticado pelos coronéis no período da República Velha.

Ganhou certa notoriedade uma campanha realizada em 2014 pela rede Fale, organização não governamental composta por evangélicos de diferentes denominações, batizada de "diga não ao voto de cajado", cujo foco era "combater a angariação de votos dos membros da igreja como curral eleitoral". A cartilha distribuída aos fiéis, pela rede, ajuda nas conclusões aqui chegadas, vez que identifica como a prática de "voto do cajado", entre outras: i) a coação ou ameaça aos subordinados ou membros da igreja para que manifestem inclinações políticas iguais às de seus líderes para eleger candidatos; ii) a transferência da imagem de pastores ou líderes religiosos para candidatos em propaganda eleitoral, afirmando-os como candidatos escolhidos por Deus ou demonizando seus concorrentes; e iii) a demonização de opções políticas diferentes das dos líderes, caluniando-as, em vez de ajudar a fazer o debate sobre as propostas dos candidatos.[107]

Em suma: o abuso do poder religioso se verificará quando for suprimida a liberdade do voto dos fiéis. Para isso, as técnicas persuasivas empregadas pela autoridade mesclam a vontade do líder com a própria vontade de Deus, e o candidato apresentado não é o outro senão o enviado divino para vencer o pleito. Desse modo, desrespeitar o líder significa punição eterna, e obedecer-lhe, uma recompensa às almas dos fiéis.

Tais práticas, por suprimirem a liberdade de escolha dos eleitores, servem ao propósito de macular a legitimidade do pleito. Assim, caso preenchidos os demais requisitos ensejadores da prática abusiva e, notadamente, a gravidade da conduta, devem ser coibidas. Entretanto,

---

[107] MELLO, Alessandra. *ONG evangélica lança campanha contra o voto do cajado*. Disponível em: https://www.em.com.br/app/noticia/politica/2014/09/11/interna_politica,567855/ong-evangelica-lanca-campanha-contra-o-voto-de-cajado.shtml. Acesso em: 29 jan. 2018.

em consonância com tudo o que já foi defendido no presente trabalho, apenas uma alteração na legislação vigente é capaz de inaugurar a vedação do instituto no ordenamento jurídico brasileiro.

O ABUSO DO TRATAMENTO DE DADOS (*BIG DATA*), DOS ALGORITMOS E DAS *FAKE NEWS* NAS CAMPANHAS ELEITORAIS

A utilização da internet como esfera de deliberação pública é fenômeno relativamente recente – assim como as discussões acerca dos seus impactos na democracia.

Há uma visão otimista sobre a relação entre internet e democracia que entende a ferramenta como uma importante aliada do ativismo cívico, bem como uma possível solução para a crise da democracia representativa que o Brasil – e inúmeros países do mundo – vem enfrentando, uma vez que esta possibilita alguma interlocução entre representantes e representados, bem como facilita o controle e a prestação de contas dos mandatários.

Afirma-se que há algo de positivo na própria característica da comunicação na internet, que permite que todos tenham um espaço para a fala, de modo que esta se apresenta como uma alternativa aos meios de comunicação tradicionais, em que há um monopólio do lançamento da informação – e, também, "da verdade". Há, com a internet, uma descentralização do poder informacional, vez que as mensagens passam a ser veiculadas de "todos para todos", e não mais de "um para todos".

Em relação às campanhas eleitorais, essa característica se mostra especialmente importante, uma vez que a propaganda eleitoral na internet viabiliza a veiculação das plataformas das minorias e partidos nanicos, que têm pouco tempo de televisão e poucos recursos provenientes dos fundos públicos de financiamento de campanha para se fazerem conhecidos.

Entretanto, os últimos acontecimentos envolvendo campanhas eleitorais e internet, que incluíram escândalos de vazamento de dados pessoais, disseminação em massa de *fake news* e uso de robôs para influenciar no debate político – dentre os quais não se pode deixar de citar a campanha à presidência dos Estados Unidos, em 2016, de Donald Trump, e o caso da Cambridge Analytica – alertaram a comunidade internacional de que a ferramenta, ao invés de grande aliada, pode ser danosa à democracia.

Nesse contexto, diversos países apresentaram reações legislativas e jurídicas ao tema, o que culminou, por exemplo, na aprovação de uma lei geral de proteção de dados na União Europeia e na promulgação de uma lei específica de combate às *fake news* na França – esta duramente criticada por ser muito rigorosa e considerada uma limitação excessiva à liberdade de expressão.

Em ocasião das eleições gerais de 2018, o Brasil demonstrou consciência da agenda internacional de combate à desinformação na internet. Ainda em dezembro de 2017, o Tribunal Superior Eleitoral criou, por meio da portaria nº 949/2017, um "Conselho Consultivo de Internet e Eleições" com o fim de definir estratégias para lidar com a disseminação das *fake news*.

No início do ano eleitoral, o Ministro Luiz Fux, então presidente do Tribunal Superior Eleitoral e encarregado de dar iniciar à organização administrativa das eleições nacionais e estaduais vindouras, já demonstrava grande preocupação em impedir o compartilhamento de *fake news* com fins eleitorais. Sua afirmação, em entrevista, de que a disseminação das *fake news* em massa, caso influenciasse no resultado eleitoral, poderia gerar a anulação do pleito, ganhou, inclusive, certa notoriedade.[108]

A Ministra Rosa Weber, que sucedeu ao Ministro Fux e esteve à frente da presidência da corte durante o pleito de 2018, igualmente mostrou grande preocupação com o papel da Justiça Eleitoral diante de notícias fraudulentas nos pronunciamentos públicos que proferiu. Em entrevista concedida na data do pleito, ela declarou que combater as *fake news* era uma "prioridade absoluta" do TSE, conferindo especial atenção à ampla repercussão de notícias falsas acerca de fraudes nas urnas eleitorais eletrônicas.[109]

---

[108] RAMALHO, Renan. *Fux diz que Justiça pode anular uma eleição se resultado for influenciado por "fake news" em massa*. Disponível em: https://g1.globo.com/politica/eleicoes/2018/noticia/fux-diz-que-justica-pode-anular-eleicao-se-resultado-for-fruto-de-fake-news-em-massa.ghtml. Acesso em: 29 jan. 2018.

[109] ZAIA, Cristiano. *Rosa Weber diz que combater fake news é prioridade para o TSE*. Disponível em: https://www.valor.com.br/politica/5909541/rosa-weber-diz-que-combater-fake-news-e-prioridade-para-tse. Acesso em: 29 jan. 2019.

No entanto, mesmo diante das manifestações públicas dos Ministros acerca da combatividade com que o tema seria tratado pelo Tribunal Superior Eleitoral durante o pleito de 2018, a disseminação em massa de notícias falsas foi questão central e preocupante nas últimas eleições brasileiras, assim como no resto do mundo.

Em 19 de outubro de 2018, o Corregedor Geral da Justiça Eleitoral, Ministro Jorge Mussi, aceitou as Ações de Investigação Judicial Eleitoral 0601968-80.2018.6.00.0000 e 0601771-28.2018.6.00.0000, formuladas pela Coligação O Povo Feliz de Novo (PT/PCdoB/PROS) em face de Jair Messias Bolsonaro e Antonio Hamilton Mourão, então candidatos a Presidente e Vice-Presidente da República, em razão da prática de abuso do poder econômico e uso indevido dos meios de comunicação social.

As ações foram fundamentadas na alegação de que ambos eram beneficiários da contratação, por parte de apoiadores, de empresa de disparo de mensagens de *WhatsApp* em massa, de modo que eles teriam se aproveitado de "mentiras disseminadas" na internet. Assim, a coligação pleiteou, entre outras coisas, a inelegibilidade dos investigados para as eleições que ocorressem nos 8 anos posteriores ao pleito de 2018.

Além da citada ação movida pela Coligação O Povo Feliz de Novo, outras duas AIJE foram propostas pela Coligação Brasil Soberano (PDT/AVANTE), também versando sobre o abuso do poder econômico em razão da prática de disparos de mensagens em massa. Em julgamento ocorrido em 09 de fevereiro de 2021, essas foram julgadas improcedentes em razão da insuficiência do acervo probatório.[110]

Ainda em relação às últimas eleições, a agência de checagem "Aos Fatos" divulgou balanço em que constou que 113 notícias falsas verificadas pela agência teriam alcançado 3,84 milhões de pessoas no *Facebook* e *Twitter*, e que apenas no final de semana do segundo turno, 19 conteúdos enganosos desmentidos pelo *site* tiveram 290 mil compartilhamentos.[111] O projeto "Fato ou *Fake*", encabeçado pelo

---

[110] Tribunal Superior Eleitoral. Ação de Investigação Judicial Eleitoral nº 0601782-57.2018.6.00.0000, Relator Ministro Luis Felipe Salomão, DJe 11 mar 2021; e Tribunal Superior Eleitoral. Ação de Investigação Judicial Eleitoral nº 0601779-05.2018.6.00.0000, Relator Ministro Luis Felipe Salomão, DJe 11 mar 2021.

[111] LIBÓRIO, Bárbara e CUNHA, Ana Rita. *Notícias falsas foram compartilhadas ao menos 3,84 milhões de vezes durante as eleições*. Disponível em: https://www.aosfatos.org/noticias/noticias-falsas-foram-compartilhadas-ao-menos-384-milhoes-vezes-durante-eleicoes/. Acesso em: 10 jun. 2021.

grupo Globo durante o pleito, afirmou ter checado mais de 200 boatos ao longo das eleições.[112]

Nesse contexto, chama atenção o fato de que a líder da Organização dos Estados Americanos (OEA), em missão internacional para acompanhar as eleições no Brasil, descreveu a situação da disseminação de notícias falsas no caso brasileiro como um fenômeno "sem precedente".[113]

Se, por um lado, sabe-se que o uso de notícias mentirosas é um antigo conhecido das campanhas eleitorais, atualmente entende-se que o fenômeno apresenta inovações frente às práticas do passado, seja em relação ao alcance das notícias (agora em escala global), a rapidez com que estas de difundem através dos novos meios de comunicação social, ou em relação às técnicas que aceleram essa difusão, que podem contar com o uso de robôs (inteligência artificial) e exércitos de perfis falsos nas redes sociais. Por isso, fala-se que o termo *fake news* se refere, em realidade, a esse fenômeno inovador.

Entretanto, a nova roupagem do fenômeno, para além da questão da terminologia adequada, gerou, também, uma discussão eminentemente jurídica. Isso ocorreu porque a mentira na propaganda eleitoral deixou de ocupar as pautas dos institutos do direito de resposta e dos crimes de calúnia, injúria e difamação na propaganda, e passou a ser pensada, também, como fator deslegitimador do pleito, capaz de viciar a liberdade do voto e gerar a "anulação" do resultado eleitoral.

Tal discussão não deixa de vir acompanhada, também, de um eventual abuso no tratamento dos dados pessoais, em que as campanhas eleitorais se utilizariam de múltiplas informações privilegiadas acerca dos indivíduos para proceder à divulgação de conteúdos segmentados "ao gosto" de cada público específico. Isso faz com que um determinado político possa ser apresentado de modo diferente, a depender de quem receberá a informação, de forma que "em vez de segmentar as mensagens para grupos numerosos, refina-se a abordagem para atrair pontos específicos de audiência, de modo a tornar o conteúdo mais sedutor e ampliar a capacidade de persuasão".[114]

---

[112] G1. *FATO ou FAKE: quase mil checagens na eleição*. Disponível em: https://g1.globo.com/fato-ou-fake/noticia/2018/10/29/fato-ou-fake-quase-mil-checagens-na-eleicao.ghtml. Acesso em: 10 jun. 2021.

[113] VALENTE, Jonas. *Missão da OEA critica fake news e atos de violência nas eleições*. Disponível em: https://agenciabrasil.ebc.com.br/politica/noticia/2018-10/missao-da-oea-critica-fake-news-e-atos-de-violencia-nas-eleicoes. Acesso em: 10 jun. 2021.

[114] SOUZA, Carlos Affonso e TEFFÉ, Chiara Spadaccini. *Fake news* e eleições: identificando e combatendo a desordem informacional. *In:* ABBOUD, Georges; NERY JUNIOR, Nelson;

Nesse contexto de limitações à liberdade do voto, deve-se mencionar, também, os "filtros bolhas" criados pelas redes sociais, que promovem um processo de filtragem personalizada de conteúdo, por meio do uso de algoritmos, fazendo com que chegue ao usuário-eleitor apenas as informações que sejam de seu maior interesse, afastando-os de conteúdos contrários às suas opiniões, o que diminui consideravelmente a ideia de contraditório eleitoral.[115]

Desse modo, a doutrina do direito eleitoral começou a se debruçar sobre a existência de possível figura de abuso do poder nas eleições envolvendo: (i) a disseminação de *fake news*, (ii) a manipulação de dados sensíveis para se chegar a um conteúdo ultrapersonalizado – e, muitas vezes, também mentiroso –, bem como (iii) a malversação dos algoritmos das redes para fins de filtragem de conteúdo, que poderiam influenciar o debate, ao afastar opiniões contrárias dos usuários, e em razão da ausência de transparência dos próprios critérios da filtragem, que colocam em dúvida a dita neutralidade axiológica dos provedores de conteúdo.

Sendo assim, o presente trabalho busca traçar conclusões acerca da legalidade ou ilegalidade dessa figura do abuso do poder na internet, discussão que passará, inicialmente, (i) sobre a possibilidade de controle judicial das chamadas *fake news* – e seu eventual conflito com o princípio da liberdade de expressão –, para assim definir se, da fato, (ii) a veiculação das *fake news* é capaz de ferir o bem jurídico da legitimidade das eleições e quais seriam as balizas para isso, o que passará pela análise, também, do tratamento de dados dos usuários e dos filtros bolhas.

CAMPOS, Ricardo (org.). *Fake news e regulação*. São Paulo: Revista dos Tribunais. 2. ed. 2020. p. 284.

[115] Sobre os filtros bolhas, afirma Eli Parisier: "O código básico brasileiro no seio da nova Internet é bastante simples. A nova geração de filtros *on-line* examina aquilo de que aparentemente gostamos – as coisas que fizemos, ou as coisas das quais as pessoas parecidas conosco gostam – e tenta fazer extrapolações. São mecanismos de previsão que criam e refinam constantemente uma teoria sobre quem somos e sobre o que vamos fazer ou desejar a seguir. Juntos, esses mecanismos criam um universo de informações exclusivo para cada um de nós – o que passei a chamar de bolha dos filtros – que altera fundamentalmente o modo como nos deparamos com ideias e informações". *In*: PARISIER, Eli. *O filtro invisível*. O que a internet está escondendo de você. Zahar, 2012, *e-book*.

7.1 Os bens jurídicos em jogo: "liberdade de expressão" e "liberdade de informação" *vs* "liberdade do voto" e "legitimidade das eleições"

Há uma linha tênue entre a intervenção legítima do judiciário no debate político e a prática da censura. Desse modo, diante do recente fenômeno das *fake news* nas eleições, houve certa preocupação em definir se a remoção de conteúdo pela via judicial seria a maneira adequada para lidar com a questão, principalmente em razão do dito privilégio que o princípio da liberdade de expressão possui em temas de ordem política.

Aline Osório, ao discorrer acerca do privilégio da liberdade de expressão, assim dispõe:

> O motivo desse privilégio (...): a liberdade de expressão é absolutamente indispensável à democracia, permitindo a participação da coletividade na discussão e definição de assuntos de interesse público, tanto nos momentos eleitorais, quanto nos demais períodos. Por isso, o conceito deve compreender não apenas a comunicação no âmbito eleitoral, mas toda forma de debate e intercâmbio de ideias necessária à formação política do país. Em síntese, deve envolver: (i) os discursos políticos, eleitorais e demais assuntos de interesse público; e (ii) os comentários sobre candidatos a cargos públicos, agentes públicos, outras autoridades, o Estado e suas instituições.[116]

Assim, ela defende uma tutela mais robusta dos discursos acerca de temas de interesse público e sobre agentes estatais, "ainda que sejam ofensivos, contenham incorreções e eventualmente causem danos a alguma reputação", pois isso representaria uma "garantia institucional da democracia":

> Como disse o ministro Luis Roberto Barroso, "[a] liberdade de expressão não é a garantia da verdade ou da justiça. *Ela é uma garantia da democracia. Defender a liberdade de expressão pode significar ter de conviver com a injustiça e até mesmo com a inverdade.* Afinal, os regimes democráticos são justamente aqueles em que os cidadãos encontram condições para discutir e questionar as decisões capazes de afetar a sua vida, bem como os agentes que sejam responsáveis por tomá-las.[117]

---

[116] OSÓRIO, Aline, *op. cit.*, p. 107.
[117] OSÓRIO, Aline, *op. cit.*, p. 115.

Portanto, buscando priorizar o princípio da liberdade de expressão e, também, evitar que o judiciário fosse utilizado como um fator limitador da livre circulação de ideias durante o pleito eleitoral – principalmente se manejado por candidatos preocupados em eliminar qualquer notícia que os desabone, ainda que não necessariamente falsa –, uma primeira corrente acerca do controle das *fake news* preconiza que caberia ao próprio destinatário a averiguação da informação.

De acordo com Marilda Silveira:

> No primeiro momento, aponta-se que a responsabilidade pela averiguação da informação seria do seu destinatário. *Aponta-se que deixar o debate livre no amplo mercado de ideias seria a forma mais eficaz de garantir a liberdade e a igualdade no estado democrático. Dessa forma, a liberdade de expressão, a liberdade de imprensa e a liberdade científica, dariam conta de esclarecer o eleitorado na medida da desinformação.* Seria necessário, apenas, capacitar os cidadãos para que tenham condições de dialogar com esse novo universo e, dessa forma, serem capazes de avaliar criticamente informações falsas ou uma rede de desinformação.[118]

Para essa corrente, mecanismos como a checagem de fatos e o jornalismo investigativo seriam grandes atores no combate às *fake news*, pois levariam a informação verídica para o destinatário, que exerceria o seu juízo de valor e, assim, desacreditaria do conteúdo fraudulento.

Apesar de se reconhecer a beleza dessa corrente, que consagra o livre mercado de ideias e a ampla liberdade de expressão, é inegável que ela não se mostrou efetiva, sozinha, para controlar a epidemia das *fake news* nos pleitos eleitorais ao redor do mundo, por diversos fatores. Pode-se citar, por exemplo, a própria estrutura das plataformas digitais e seus algoritmos que, movidos por interesses econômicos e visando atrair usuários, "teriam proporcionado, mesmo que indiretamente, a diminuição da qualidade do discurso público, além do aumento da divulgação das *fake news*".[119] Ainda, há o problema do descrédito que certa parte da população pode ter em relação às agências de checagem de fatos, muitas vinculadas à mídia tradicional, bem como ao fato de que, muitas vezes, a notícia "verificada" não tem o mesmo alcance

---

[118] SILVEIRA, Marilda de Paula. As novas tecnologias no processo eleitoral: existe um dever do estado de combate à desinformação na eleição? *In:* ABBOUD, Georges; NERY JUNIOR, Nelson; CAMPOS, Ricardo (org.). *Fake news e regulação.* 2. ed. São Paulo: Revista dos Tribunais, 2020. p. 312.

[119] SOUZA, Carlos Affonso e TEFFÉ, Chiara Spadaccini, *op. cit.,* p. 286.

da notícia mentirosa, que é fabricada especificamente para captar a atenção do público.

Assim, tendo em vista a deficiência da primeira corrente, uma segunda via acerca do combate às *fake news* aponta que o dever de checagem deve ser atribuído às plataformas de distribuição de conteúdo. Nas palavras de Carlos Affonso e Chiara de Teffé:

> Além de uma melhor capacitação dos usuários da rede, parece adequado que as próprias empresas de tecnologia desenvolvam instrumentos e políticas que combatam e desincentivem às *fake news*. Assim, elas não só garantirão aos seus usuários acesso a informações provenientes de fontes confiáveis, mas também proporcionarão um ambiente mais seguro e responsável, melhorando a experiência na plataforma ou aplicativo. *Doutrina propõe que as mídias sociais diminuam o impacto dos filtro bolhas e da personalização do conteúdo que chega aos usuários, bem como que elas coloquem uma espécie de marcador em sujeitos que sejam confiáveis na divulgação das notícias. Sugere-se também a parceria com agência de checagem de notícias.*[120]

Nesse sentido, o *Facebook* implementou algumas medidas para combater a desinformação, como a publicação de "artigos relacionados – que dialogam com o conteúdo contestado – ao lado das notícias que mereciam o alerta".[121] Igualmente, em decisão recente, de janeiro de 2019, o *WhatsApp* decidiu mudar sua política de uso para permitir que os usuários compartilhem uma mesma mensagem com um máximo de cinco contatos ou grupo – a possibilidade anterior era de vinte.[122]

Entretanto, esse modelo de combate a *fake news*, que também tem um valor muito expressivo, vez que comparte a responsabilidade da lisura da informação com *players* importantes, também recebe críticas, principalmente quando se trata da possibilidade de as plataformas removerem diretamente os conteúdos, sem ordem judicial. Isso ocorre porque se trata de uma clara delegação a um ente privado, que pode ter as suas vertentes ideológicas, da decisão acerca do que é falso ou verdadeiro, e também pode se mostrar violador à liberdade de expressão.

Carlos Affonso e Chiara de Teffé afirmam, no entanto, que as plataformas podem tomar as medidas para remoção de contas e

---

[120] *Ibidem.* p. 289.

[121] SILVEIRA, Marilda de Paula, *op. cit.*, p. 313.

[122] PERRIGO, Billy. *How Volunteers for India's Ruling Party Are Using WhatsApp to Fuel Fake News Ahead of Elections*. Disponível em: http://time.com/5512032/whatsapp-india-election-2019/?fbclid=IwAR0FHPZru2WeNhdhugLzAJV_eZ1ppYHiGbL5bQapyFrvExHcd_zWVEythCg. Acesso em: 30 jan. 2019.

conteúdos, vez que, como entidades privadas, têm liberdade para regular o ambiente por elas criado. Entretanto, lembram que as plataformas igualmente podem ser responsabilizadas judicialmente por remoções indevidas, tendo em vista que é por meio das redes sociais que muitos direitos são exercidos – inclusive a liberdade de expressão.[123]

Nesse contexto, há, ainda, uma terceira via para lidar com as *fake news*, que é a via jurisdicional. Entretanto, como já explanado, essa alternativa merece ser analisada com muita cautela, sob pena da supressão de direitos fundamentais, como a liberdade de expressão na esfera política.

Em relação ao direito eleitoral, especificamente, o foco da ação jurisdicional não será as questões que envolvam a reparação de danos extrapatrimoniais e patrimoniais ocasionados pela veiculação das notícias falsas, estas atinentes à seara cível. A atuação da justiça eleitoral, por sua vez, deverá estar pautada na busca pela garantia da legitimidade das eleições, o que se dará por meio da efetivação do direito de resposta aos candidatos e de eventual remoção de conteúdos capazes de causar danos ao processo eleitoral.

Sendo assim, o primeiro objetivo deste trabalho é delimitar o que deve ser caracterizado como uma notícia falsa apta ensejar a intervenção da Justiça Eleitoral. Isto é, que tipo de informação falsa deve ser removida e retificada para fins de efetivar o princípio da liberdade do voto, em um juízo de ponderação com a liberdade de expressão.

Como já exposto, o termo *fake news* significa mais do que parece. Muito além da tradução literal "notícia falsa", a expressão remete "não apenas a uma questão de escala (agora global), mas também de uma pluralidade de motivos para a criação, distribuição e consumo dessas narrativas. Alia-se também uma diversidade de tipos de conteúdo e técnicas para ampliar a audiência em diferentes plataformas".[124]

Conforme ensinamento de Carlos Affonso e Chiara de Teffé, a complexidade da questão faz, inclusive, com que especialistas sugiram o abandono da expressão, tendo em vista que, desde as eleições norte--americana de 2016, esta estaria muito atrelada às questões políticas, e se passe a usar o termo "desordem informacional" para caracterizar o atual momento.[125]

---

[123] SOUZA, Carlos Affonso e TEFFÉ, Chiara Spadaccini, *op. cit.*, p. 290.

[124] *Ibidem*. p. 283.

[125] *Ibidem*.

Diogo Rais, por sua vez, faz o seguinte alerta:

A polissemia aplicada à expressão fake news confunde ainda mais o seu sentido e alcance, ora indicam como se fosse uma notícia falsa, ora como se fosse uma notícia fraudulenta, ora como se fosse uma reportagem deficiente ou parcial, ou ainda uma agressão a alguém ou alguma ideologia (...) A grande dificuldade em conceituar *fake news* atendendo todas as expectativas foi um dos motivos pelo qual o High Level Group – HLEG (Grupo Independente de Alto Nível sobre as notícias falsas e a desinformação *on-line)* da União Europeia recomendou que se abandone o termo *Fake News,* pois ele foi *"apropriado e usado de maneira enganadora por participantes poderosos para desconsiderar reportagens que não são do seu interesse".*[126]

Para ajudar a elucidar a questão acerca do que seria uma notícia falsa capaz de gerar a remoção e retificação de conteúdo, utilizar-se-á a lista, criada pela jornalista Claire Wandle, dos 7 tipos identificáveis de *fake news,* notadamente:

1. Sátira ou paródia: sem intenção de causar mal, mas tem potencial de enganar;
2. Falsa conexão: quando manchetes, imagens ou legendas dão falsas dicas do que é o conteúdo realmente;
3. Conteúdo enganoso: uso enganoso de uma informação contra um assunto ou uma pessoa;
4. Falso contexto: quando um conteúdo genuíno é compartilhado com um contexto falso;
5. Conteúdo impostor: quanto fontes (pessoas, organizações, entidades) têm seus nomes usados, mas com afirmações que não são suas;
6. Conteúdo manipulado: quando uma informação ou ideia verdadeira é manipulada para enganar o público;
7. Conteúdo fabricado: feito do zero, é 100% falso e construído com o intuito de desinformar o público e causar algum mal.[127]

Da leitura dos tipos citados, observa-se que não é qualquer notícia que, embora enquadrada como falsa, é capaz de violar a liberdade do voto e a legitimidade do pleito. Esse é o caso, por exemplo, das sátiras e paródias, que são manifestações legítimas da liberdade de expressão

---

[126] RAIS, Diogo. *Fake news e eleições,* em: *fake news.* A conexão entre a desinformação e o direito. 2. ed. São Paulo: Revista dos Tribunais, 2020. p. 27.

[127] RAIS, Diogo. *Direito eleitoral digital.* São Paulo: Thomson Reuters, 2018. p. 69.

na seara política, conforme, inclusive, posicionamento do STF na ADI 4451

Ademais, são outros os casos em que a notícia veiculada não possuirá o condão de ferir a legitimidade do pleito, como nas hipóteses de falsa conexão e falso contexto, em que, muitas vezes, a veiculação da notícia é movida por um cunho meramente econômico – de receber mais visualizações e compartilhamentos. Nesses casos, ainda que se possa estar presente uma inverdade em alguma medida, não há um dano, à figura dos candidatos, capaz de gerar desinformação e macular a liberdade do voto do eleitor.

Dito isso, defende-se, no presente trabalho, que o parâmetro para a intervenção da justiça eleitoral é que (i) se esteja diante de um conteúdo sabidamente inverídico (conceito já presente no direito eleitoral em razão do instituto do direito de resposta),[128] e (ii) com potencialidade de causar grave dano ao candidato, em razão do intuito de deliberadamente "desinformar o público e causar algum mal". Presentes tais elementos, entende-se que as notícias atentariam contra os bens jurídicos protegidos, que são a liberdade do voto e a legitimidade das eleições, e justificariam a limitação à liberdade de expressão.

Em sentido muito similar ao que se defende aqui, é o pensamento de Carlos Affonso e Chiara de Teffé:

> (...) o regime de responsabilidade civil aplicado e a reparação estabelecidas devem ser pensados de modo a não prejudicar de forma desproporcional as liberdades de expressão e informação, *mas sancionando aqueles que divulgarem propositalmente notícias falsas.*
>
> Entende-se que os deveres de veracidade, transparência, cuidado e de checagem de fontes são dirigidos apenas a certas pessoas, como jornalistas e entidades de imprensa, em razão de normas éticas profissionais. Em nosso ordenamento, não parece que se possa afirmar a existência de um dever geral de falar a verdade para todo e qualquer cidadão. *Assim, à exceção de profissionais específicos, as demais pessoas gozam, dentro de suas respectivas liberdades fundamentais, da possibilidade de se expressarem sem elevadas preocupações quanto a veracidade do fato, desde que isso não cause dano a terceiros e a divulgação de conteúdo falso ou equivocado não tenha como fim desinformar um grupo ou prejudicar deliberadamente a qualidade dos debates.*[129]

---

[128] Art. 58, Lei 9.504/97: A partir da escolha de candidatos em convenção, é assegurado o direito de resposta a candidato, partido ou coligação atingidos, ainda que de forma indireta, por *conceito, imagem ou afirmação caluniosa,* difamatória, injuriosa ou *sabidamente inverídica,* difundidos por qualquer veículo de comunicação social.

[129] SOUZA, Carlos Affonso e TEFFÉ, Chiara Spadaccini, *op. cit.,* p. 291.

Na mesma linha, é o posicionamento de Marilda Silveira:

> Na opinião de Diogo Rais, partindo do pressuposto da atuação jurisdicional contenciosa, "o Judiciário somente deveria entrar na questão quando houver dano, ou dano e dolo".
>
> (...)
>
> Há casos em que a desinformação será propagada de forma dolosa e com manipulação evidente de imagens ou dados, em hipóteses que não desafiam o limite da liberdade de expressão.[130]

Ressalta-se, ainda, que a proposta aqui defendida para pautar a atuação jurisdicional no controle das *fake news* encontra guarida, também, na tese tripartite acerca das limitações à liberdade de expressão, senão vejamos.

Aline Osório defende que a liberdade de expressão não é um direito absoluto, e "não pode ser tida como um fetiche ou como um valor que deva sempre prevalecer sobre os demais". Nesse sentido, leciona acerca da tese tripartite para a resolução das colisões entre a liberdade de expressão e outros direitos fundamentais, segundo a qual as limitações à liberdade de expressão apenas seriam possíveis mediante: "(i) o respeito à reserva legal; (ii) o objetivo de proteção de outros interesses e valores constitucionalmente tutelados de elevado valor axiológico, o que pode ser identificado como cumprimento do princípio da legitimidade, e (iii) a observância do princípio da proporcionalidade em sua tríplice dimensão (adequação, necessidade e proporcionalidade em sentido estrito)"[131].

No caso em análise, os parâmetros já definidos obedecem aos requisitos da tese tripartite. Isso se dá porque, em relação à (i) reserva legal, embora não tenhamos, no Brasil, uma legislação específica acerca das *fake news*,[132] o art. 58 da Lei nº 9.504/97 preceitua o direito de resposta em casos da veiculação de *afirmação sabidamente inverídica a candidatos*, bem como o art. 19 da Lei nº 12.965/2014, o Marco Civil da Internet,

---

[130] SILVEIRA, Marilda de Paula, *op. cit.*, p. 315.

[131] OSÓRIO, Aline, *op. cit.*, p. 119.

[132] Atualmente, tramita na Câmara dos Deputados o PL 2360, de 2020, de autoria do Senador Alessandro Vieira (CIDADANIA/SE). Trata-se do "PL das Fakes News", cujo objetivo é "instituir a Lei Brasileira de liberdade, responsabilidade e transparência na internet". Após a aprovação do texto no Senado Federal, ele foi remetido, em 03.07.2020, à Câmara, e segue sendo objeto de discussão.

positiva o dever dos provedores de conteúdo de tornarem *indisponíveis os conteúdos considerados infringentes, mediante ordem judicial.*[133]

Quanto à (ii) proteção de outros valores tutelados pela ordem constitucional, tem-se, como já dito, que a atuação da justiça eleitoral estaria sempre pautada pelos princípios da liberdade do voto e da legitimidade do pleito.

Por fim, em relação ao juízo de (iii) proporcionalidade, sabe-se que a remoção das notícias é meio adequado a impedir a violação à liberdade do voto e à legitimidade do pleito, esta igualmente passa pelo crivo da necessidade, vez que outros meios menos gravosos – como a mera retificação do conteúdo – não garantem que a proliferação da mentira acabe e nem que a notícia verdadeira receba o mesmo alcance. Por fim, a medida é proporcional em sentido estrito, vez que parece equilibrar o grau de restrição e realização dos princípios em jogo, quais sejam, o da liberdade de expressão e da legitimidade do pleito.

Em suma: defende-se que, por mais que a via jurisdicional para lidar com as *fake news* tenha sido vista com críticas, em razão de uma eventual violação à liberdade de expressão, ou até mesmo em razão do receio de que o judiciário funcionasse como um fator que limitasse a ampla circulação de ideias, essa é desejável para lidar com situações muito específicas, notadamente aquelas em que há a divulgação de fatos sabidamente inverídicos, com o intuito claro de causar danos por meio da desinformação.

Por fim, ressalta-se que defender a via jurisdicional para combater as *fake news* não exclui ou diminui a importância das demais medidas tomadas pelos outros *players*, notadamente as iniciativas de educação digital, para que o próprio usuário exerça o seu juízo de valor, bem como as ações levadas a cabo pelos provedores de conteúdo para melhorar a qualidade da informação. Isso ocorre porque a luta contra a desordem informacional não será em uma única frente, e não se pode ter a pretensão de imaginar que, sozinho, o direito dará conta dessa epidemia desinformacional – como já não deu.

Ultrapassada a discussão acerca da possibilidade e do limite da intervenção do judiciário na temática das *fake news*, é necessário passar

---

[133] Art. 19, Lei 12.965/2014. Com o intuito de assegurar a liberdade de expressão e impedir a censura, o provedor de aplicações de internet somente poderá ser responsabilizado civilmente por danos decorrentes de conteúdo gerado por terceiros se, após ordem judicial específica, não tomar as providências para, no âmbito e nos limites técnicos do seu serviço e dentro do prazo assinalado, *tornar indisponível o conteúdo apontado como infringente, ressalvadas as disposições legais em contrário.*

para um segundo ponto: elucidar se, de fato, é possível falar em um abuso do poder que decorre da veiculação dessas notícias na internet.

7.2 O abuso do poder midiático em razão da divulgação de *fake news*, do uso indevido de dados pessoais e dos algoritmos

A norma proibitiva do abuso do poder nas campanhas eleitorais, como explanado no capítulo pertinente, faz expressa menção à possibilidade de abertura de ação de investigação judicial eleitoral em razão da "utilização indevida de veículos ou meios de comunicação social" (art. 22, LC 64/90).

Percebe-se que a redação dada à norma foi demasiadamente ampla, a demonstrar a intenção do legislador de resguardar a lisura do pleito em face do uso abusivo de todo e qualquer meio de comunicação, e não apenas daqueles praticados no rádio e na televisão, veículos que estariam sujeitos a um regime de concessão pública, por exemplo.

Sendo assim, tem-se que o objetivo da norma foi proteger a lisura do pleito de um possível desvio na informação.

Nas palavras de Walber Agra:

> O abuso de poder no uso dos meios de comunicação social ocorre quando há a utilização de rádio ou TV, aberta ou paga, *internet*, jornais ou revistas para favorecer ou prejudicar algum candidato ou coligação. Tal prática deve ser plenamente coibida pela Justiça Eleitoral, haja vista a facilidade de veiculação de notícias nos meios de comunicação supracitados e a sua maior capacidade de alcance, podendo privilegiar algum candidato em detrimento do outro, gerando, assim, intensas desigualdades no pleito.[134]

Desse modo, não há qualquer controvérsia em afirmar que o uso indevido da internet é configurável como abuso do poder dos meios de comunicação social. É a precisa lição de Marilda Silveira:

> Na mídia tradicional o impacto dos meios de comunicação na formação da vontade do eleitor é reconhecido como fator de interferência relevante na liberdade do voto. Não por outra razão, o ordenamento jurídico brasileiro qualificou o uso abusivo dos meios de comunicação

---

[134] AGRA, Walber de Moura, *op. cit.*, p. 226 - 227.

como ato ilícito capaz de corromper a legitimidade do pleito. Embora o enfoque não fosse o combate à desinformação, condenação pela prática desse ilícito gera a cassação do registro, do diploma ou do mandato do beneficiário ou do responsável do ilícito (art. 22 da LC 64/90). *Por que seria diferente nas novas mídias que possuem instrumentos muito mais sofisticados e complexos de alcances a grupos específicos?*[135]

Sendo assim, a internet funciona como um importante meio de comunicação social na sociedade atual, de modo que eventuais abusos em campanhas eleitorais nela cometidos são vedados nos moldes do art. 22 da LC 64/90, em razão da mera literalidade da norma. Desse modo, muito embora a disseminação de *fake news* como a entendemos hoje seja um fenômeno novo, o direito já não tolera os abusos dessa prática, que poderão ser apurados e punidos mediante ação de investigação judicial eleitoral em razão do "uso indevido dos meios de comunicação social" ou "abuso de mídia".

Não se trata, pois, de uma "modalidade atípica" do abuso do poder, nem de uma interpretação extensiva conferida à norma para a adequação da hipótese ao ordenamento, mas de mera interpretação gramatical da legislação vigente.

Partindo da premissa, portanto, de que a legislação eleitoral veda o abuso do poder de mídia, inclusive em relação a práticas na internet, tentar-se-á traçar parâmetros acerca do que se considera abusivo na disseminação das *fake news,* principalmente tendo como baliza a ideia da gravidade da conduta.

Isso se dá porque não se pode levar a crer que um ilícito de propaganda (divulgação de fato sabidamente inverídico) se converta automaticamente numa prática abusiva pelo simples fato da sua ocorrência. Isso fere os direitos políticos fundamentais, vez que as consequências do abuso do poder geram a perda do mandato e a inelegibilidade, sendo muito mais gravosas do que as de irregularidades na propaganda eleitoral.

Em suma: entende-se que a disseminação das *fake news,* nos moldes definidos neste trabalho, são um ilícito de propaganda e podem configurar uma prática de abuso do poder, caso preenchido, também, o requisito do alcance da desinformação, conforme será a seguir explicado.

---

[135] SILVEIRA, Marilda de Paula, *op. cit.,* p. 299.

Como explanado nos tópicos pertinentes, não é qualquer ato ilícito eleitoral que se considera uma prática de abuso do poder. Para isso, é preciso estar presente a gravidade da conduta, que deve ser suficiente para ferir o bem jurídico da legitimidade das eleições.[136]

Sendo assim, a fim de que se caracterize a prática abusiva, é necessário que se verifique, inicialmente, o alcance das notícias falsas, para que se ateste se elas, de fato, causaram desinformação em parcela considerável do eleitorado. Sendo assim, nos casos em que há uma pronta remoção do conteúdo pela justiça eleitoral, ou que os provedores de conteúdo conseguem marcá-la como pouco confiável, de modo a diminuir o número de compartilhamentos, ou mesmo nas hipóteses em que as agências de checagem de fatos conseguem comprovadamente um bom alcance na verificação da informação, não se falará em hipótese configuradora de abuso do poder.

Por outro lado, nos casos em que a remoção do conteúdo for inefetiva, em razão, por exemplo, da disseminação de diversos outros *links* com o mesmo conteúdo falso a atingir boa parcela do eleitorado, ou mesmo nos casos em que não ocorra a remoção, bem como naqueles em que o compartilhamento da notícia verificada for pífio quando comparado com o da notícia fraudulenta, ter-se-á uma conduta que será grave a ponto de ferir a legitimidade do pleito.

É, ademais, na verificação do alcance da notícia falsa que entrará a investigação acerca da utilização de inteligência artificial, robôs (*bots*) e exércitos de perfis falsos com o intuito de alterar a repercussão da propaganda eleitoral, falseando o cenário político e ampliando a mobilização das massas. Nesses casos de uso de inteligência artificial ou humana para alterar o debate político na internet, também se deve discutir eventual configuração de abuso do poder econômico, vez que estes são gastos ilícitos de campanha e custam vultuosas quantias financeiras.

Outro aspecto do abuso do poder na internet que deve ser analisado diz respeito ao tratamento de dados pessoais para veiculação de propagandas eleitorais personalizadas, que pode consistir em envio de *fake news* ou não.

A primeira ressalva que se faz é que não se deve demonizar a prática do envio de propagandas individualizadas por segmentos de

---

[136] Art. 22, XVI, LC 64/90. Para a configuração do ato abusivo, não será considerada a potencialidade de o fato alterar o resultado da eleição, mas apenas a gravidade das circunstâncias que o caracterizam.

eleitores, vez que essa consiste em uma inovação do *marketing* que facilita a comunicação e ajuda na captura da atenção dos interessados. A grande problemática da questão reside na forma como esses dados são coletados – se legal ou ilegalmente – e também em como eles são tratados.

Nas eleições de 2018, o tratamento de dados ainda era "uma terra de ninguém", de modo que era muito difícil até mesmo definir as balizas acerca de uma prática considerada como abuso do poder em relação a isso. Entretanto, não se pode negar que havia uma infinidade de informações individuais sendo coletadas sem o conhecimento dos seus titulares, o que, sem dúvidas, representa uma violação ao direito à privacidade.

De todo modo, com o advento da Lei Geral de Proteção de Dados brasileira, a Lei nº 13.709, de 14 de agosto de 2018, que entrou em vigor em 18 de setembro de 2020, tornou-se mais fácil delimitar no que consiste um abuso dos meios de comunicação social em relação ao uso dos dados pessoais para fins de propaganda eleitoral na internet.

Isso ocorre porque a Lei nº 13.709/2018 estabelece que o tratamento de dados somente poderá ser realizado mediante o fornecimento do consentimento (art. 7º, I), que deve consistir em uma "manifestação livre, informada e inequívoca pela qual o titular concorda com o tratamento de seus dados pessoais para uma finalidade específica" (art. 5º, XII). A lei ainda dispõe que a realização de tratamento de dados deve servir a propósitos legítimos, bem como sobre a impossibilidade de tratamento posterior de forma incompatível com as finalidades informadas ao titular no momento de seu consentimento (art. 6º, I).

Ademais, no caso dos dados pessoais sensíveis – como são aqueles sobre "origem racial ou étnica, convicção religiosa, opinião política, filiação a sindicato ou a organização de caráter religioso, filosófico ou político, dado referente à saúde ou à vida sexual, dado genético ou biométrico, quando vinculado a uma pessoa natural" (art. 5º, II) –, tem-se que o titular deve consentir de forma específica e destacada, para finalidades específicas (art. 11, I).

Destaca-se, ainda, a previsão de que o titular dos dados pessoais tem o direito de obter, do controlador, "anonimização, bloqueio ou eliminação de dados desnecessários, excessivos ou tratados em desconformidade" com o disposto na lei (art. 18, IV),[137] "eliminação

---

[137] Entende-se por "dado anonimizado" o "dado relativo a titular que não possa ser identificado, considerando a utilização de meios técnicos razoáveis e disponíveis na ocasião de seu tratamento" (art. 5º, III).

dos dados pessoais tratados com o consentimento do titular" (art. 18, VI) e "revogação do consentimento" (art. 18, IX).

Sendo assim, entende-se que a lei brasileira impôs rígidos limites quanto a coleta e tratamento de dados pessoais, de modo a exigir boa-fé e transparência de quem irá tratar esses dados, bem como de quem se utilizará de tais informações.

Desse modo, pode-se afirmar que o abuso de mídia em relação ao uso de dados pessoais para fins de veiculação de propaganda eleitoral na internet se dará quando presentes vazamentos de dados pessoais, ou no caso de coleta de dados em desconformidade com a Lei nº 13.709/18 – desde que constatada, também, a gravidade da conduta a violar a normalidade e a legitimidade do pleito. Igualmente, deve ser verificado eventual abuso do poder econômico em razão de gasto ilícito em campanha eleitoral.

Por fim, um último aspecto acerca do abuso do poder de mídia na internet diz respeito à filtragem realizada pelos provedores de conteúdo (os filtros bolhas), quando essa possui uma roupagem ideológica, fazendo com que conteúdos de determinado posicionamento político se sobressaiam em relação aos demais, a ponto de manipular as eleições a favor de um candidato ou partido.

Andréia Santos elucida que existe um fenômeno intitulado de *"gerrymandering"*, que,

> (...) para Zittrain (2014), ocorre quando um *site* distribui informações de forma a beneficiar sua própria agenda ideológica. E, aqui, encontra-se a mesma crítica realizada em face das mídias de massa tradicionais – *o monopólio e concentração da informação e, por conseguinte, o poder de influência na formação da opinião pública do usuário.*[138]

Para ela, existe, assim, uma problemática, pois esses provedores, embora não se denominem como responsáveis pelos conteúdos veiculados pelos usuários e, de fato, não exerçam um controle editorial prévio como nos demais meios de comunicação da imprensa, "tem a capacidade de programar suas ferramentas tecnológicas, com o objetivo de atender a seus próprios interesses sem qualquer transparência a seus usuários".[139]

---

[138] SANTOS, ANDRÉIA. *O impacto do big data e dos algoritmos nas campanhas eleitorais.* Disponível em: *https://itsrio.org/wp-content/uploads/2017/03/Andreia-Santos-V-revisado.pdf. Acesso em: 01 fev. 2019.*

[139] *Ibidem.*

Nesse caso, se constatado o enviesamento ideológico dos provedores de conteúdo a ponto de influir consideravelmente no debate, e desde que grave a ponto de ferir a normalidade e legitimidade do pleito, não há dúvidas acerca da configuração de abuso do poder de mídia.

Isso se dá porque o direcionamento do debate público por meio da superexposição de pautas ideológicas, de modo a influir na liberdade do voto, é forma clássica de abuso de mídia. É indiferente, portanto, se praticada pelos veículos de imprensa ou pelos provedores de conteúdo da internet.

Aqui é indiferente, também, a participação do candidato na filtragem de conteúdo realizada pelo provedor, pois, como também já explanado, o instituto do abuso do poder visa a resguardar, de modo objetivo, a legitimidade do pleito eleitoral. Assim, a sua configuração não está condicionada à efetiva participação do candidato na conduta abusiva, hipótese na qual esse será enquadrado na figura de mero beneficiário do ato.

Conclui-se, portanto, que o direito eleitoral brasileiro não é indiferente a práticas que violem a legitimidade do pleito em razão da disseminação de *fake news*, de tratamento ilegal de dados pessoais e de filtragens ideológicas praticadas por provedores de conteúdo, vez que esses são casos de uso indevido dos meios de comunicação social e, também, podem ser enquadrados como abuso do poder econômico, a depender de como se verificarem nos casos concretos.

CONCLUSÃO

O presente trabalho buscou revisitar todo o instituto do abuso do poder nas campanhas eleitorais em razão da premissa inicial, agora confirmada, de que esse é um tema de muita insegurança jurídica, em que, a pretexto de se garantir a legitimidade do pleito, logra-se, em alguns casos, a dissolução da vontade da maioria. Isso ocorre porque muitos mandatos ainda são cassados no Brasil sem que os órgãos julgadores façam uma análise crítica acerca do bem jurídico tutelado pelo instituto e dos demais direitos em jogo, notadamente os direitos políticos fundamentais e a própria soberania popular.

Assim, ao se discorrer acerca das formas típicas do abuso do poder, notadamente o abuso do poder econômico, o abuso do poder político e o uso indevido dos meios de comunicação social, buscou-se não só descrever o que a doutrina e a jurisprudência tradicionalmente entendem como práticas abusivas, mas também imprimir uma leitura embutida da ideia da gravidade da conduta e em consonância com a realidade complexa da sociedade atual.

Sobre o abuso do poder econômico, entendeu-se categoricamente que gastos lícitos de campanhas não podem configurar a prática de abuso do poder, em razão da ampla regulamentação que a legislação eleitoral já confere aos meios de veiculação da propaganda. Desse modo, é preciso que se tenha segurança jurídica sobre o que gastar e como gastar.

Acerca do abuso do poder político, pregou-se que é inadmissível a leitura ampliativa que a jurisprudência pretende dar ao conceito de autoridade, desvinculando-se da interpretação tradicional de "autoridade pública", vez que isso é mera manobra argumentativa para punir sem o crivo do legislativo. É ativismo judicial que não respeita o sistema jurídico como um todo e nem os direitos fundamentais dos candidatos.

Sobre o abuso do poder midiático, expôs-se as formas de regulação distintas a que os diferentes meios de comunicação foram submetidos, notadamente os meios de radiodifusão, a imprensa escrita e a internet, de forma que a doutrina tradicional sempre entendeu que o abuso deve ser mais coibido nos meios de radiodifusão, ao passo que nos outros meios existiria uma liberdade quase absoluta. Assim, questionou-se essa visão muito restritiva dos meios de radiodifusão, vez que, na atual sociedade em que há maior fluidez de informação, não há mais espaço para uma presunção do poder de manipulação do debate desses meios. Assim, é necessário olhar para a gravidade no caso concreto, e não hipoteticamente. No mais, buscou-se traçar parâmetros objetivos para a internet, de modo que a discussão de abuso do poder não deve se basear na equidade de espaços para a exposição dos candidatos – vez que na internet, de fato, os espaços são ilimitados –, mas no poder da manipulação da opinião.

Um ponto muito caro deste trabalho foi, ademais, estabelecer que não se pode tolerar a inclusão de formas de abuso do poder que não as previstas na legislação, por inovação jurisprudencial. Isso significa um ativismo judicial infundado e uma violação aos direitos políticos do candidato sem a obediência à reserva da lei. Concluiu-se, assim, que há apenas duas saídas para a problemática das formas atípicas do abuso do poder: i) entender que se trata, em verdade, de nova roupagem das formas típicas, ou ii) por meio de alteração legislativa que importasse na positivação de um novo tipo de abuso do poder.

Nesse sentido, ainda, concluiu-se que é desejável a inclusão, pela via legislativa, do chamado "abuso do poder religioso" entre as hipóteses ensejadoras do ajuizamento de AIJE. Isso se dá porque é inegável o papel de destaque que as igrejas exercem no processo eleitoral. A interpretação que a jurisprudência do TSE tem conferido à matéria, por sua vez, parece suprimir a liberdade de crença, por impedir qualquer manifestação de apoio político, inclusive de modo subliminar, nos templos religiosos ou em suas redondezas.

Assim, entende-se que o foco da coibição não deve ser no abuso de um poder econômico, como tem feito a jurisprudência, vez que isso suprime a liberdade de crença, mas sim no abuso do poder carismático, sempre e *desde que* os líderes procedam com ameaça, coação ou promessa de recompensa frente aos fiéis. Esse é um tipo de abuso com contornos delineados, e não uma nova roupagem do que já existe, de modo que, para ser coibido – o que é desejável –, é necessário que haja uma alteração legislativa expressa.

CONCLUSÃO | 133

Quanto ao uso indevido dos dados pessoais, dos algoritmos e das *fake news*, por sua, entendeu-se que nada mais são do que uma das formas de exteriorização do uso indevido dos meios de comunicação social, ou abuso de mídia, de modo que sua coibição já é prevista no direito brasileiro.

Sendo assim, encerra-se o presente trabalho com a crença de que se trouxe mais sistemática à matéria, mais segurança jurídica aos postulantes e mais conforto a todos os eleitores. Para além do foco nos postulantes e seus direitos, os eleitores merecem ter a certeza de que os seus votos não foram em vão; que os seus mandatários, acaso vencedores, não serão alijados dos cargos por motivos de pouca significância – que, muitas vezes, o eleitor até mesmo desconhece ou não entende.

O fortalecimento da democracia passa pelo fortalecimento do voto, pela certeza de que é o voto popular que decide quem ocupará os cargos mais altos do país. Não é o poder judiciário, não é a máquina pública, não é o dinheiro e não é a mídia: é o voto, legítimo e autêntico, que deve ditar quem ganha e quem perde a eleição.

REFERÊNCIAS

AGRA, Walber de Moura. *Manual prático de direito eleitoral*. 2. Ed. Belo Horizonte: Fórum. 2018. 330 p.

AIETA, Vânia Siciliano. *Criminalização da política*. Rio de Janeiro: Lumen Juris. 2017.

ALVIM, Frederico Franco. *Cobertura política e integridade eleitoral*: efeitos da mídia sobre as eleições. Florianópolis: Habitus, 2018.

BARBOSA, Rui. *A imprensa e o dever da verdade*. São Paulo: Com – Arte; Editora da Universidade de São Paulo, 1990, 80 p.

BIM, Eduardo Fortunato. O polimorfismo do abuso do poder no processo eleitoral: o mito de Proteu. *Revista do TRE-RS*. Porto Alegre. v. 8. nº 17, jul./dez. 2003.

BOBBIO, Norberto; MATTEUCCI, Nicola; PASQUINO, Gianfranco. *Dicionário de política*. 11. ed. Brasília: UnB, 1998.

BOBBIO, Norberto. *Teoria geral do direito*. São Paulo: Martins Fontes, 2010.

COÊLHO, Marcus Vinicius Furtado. *A gravidade das circunstâncias no abuso de poder eleitoral*. Disponível em: http://www.tre-rj.gov.br/eje/gecoi_arquivos/arq_071881.pdf. Acesso em: 14 ago. 2018.

CONEGLIAN, Olivar. Propaganda Eleitoral: eleições 2014. 12. ed. Curitiba: Juruá, 2014.

FUX, Luiz; FRAZÃO, Carlos Eduardo. *Novos paradigmas do direito eleitoral*. Belo Horizonte: Fórum, 2016.

GARCIA, Emerson. *Abuso do poder nas eleições*: meios de coibição. Rio de Janeiro; Lumen Juris, 2000.

GARCIA, Viviane Macedo. Propaganda eleitoral e reforma política. In: PEREIRA, Rodolfo Viana; SANTANO, Ana Claudia (Orgs.). *Conexões eleitoralistas*. Belo Horizonte: Abradep, 2016. p. 263-279.

GOMES, José Jairo. *Direito eleitoral*. 12. ed. São Paulo: Atlas, 2016.

KUFA, Amilton Augusto. O controle do poder religioso no processo eleitoral, à luz dos princípios constitucionais vigentes, como garantia do estado democrático de direito. *Revista Ballot*, Rio de Janeiro, v. 2, n. 1, p. 113-135, jan./abr. 2016.

MAIA, Clarissa Fonseca. *Jurisdição e soberania popular:* uma abordagem normativa de diálogo institucional entre a justiça eleitoral e o Congresso Nacional. Fortaleza: UNIFOR, 2016. 325 f. Tese (Doutorado) – Programa de Pós-Graduação em Direito Constitucional, Universidade de Fortaleza, Fortaleza, 2016.

MAIA, Clarissa Fonseca. *O ativismo judicial no âmbito da justiça eleitoral.* Fortaleza: UNIFOR, 2010. 153 f. Dissertação (Mestrado) – Programa de Pós-Graduação em Direito Constitucional, Universidade de Fortaleza, Fortaleza, 2010.

NERY JUNIOR, Nelson; CAMPOS, Ricardo (org.). *Fake news e regulação.* 2. ed. São Paulo: Revista dos Tribunais, 2020.

NIESS, Pedro Henrique Távora. *Ação de impugnação de mandato eletivo.* Bauru: Edipro, 1996.

OLIVEIRA, Marco Aurélio Belizze. *Abuso do poder nas eleições:* a inefetividade da ação de investigação judicial eleitoral. Rio de Janeiro: Lumen Juris, 2005.

OLIVEIRA, Rafael Carvalho Rezende. *Curso de direito administrativo.* 5. ed. Rio de Janeiro: Forense, 2017.

OSORIO, Aline. *Direito eleitoral e liberdade de expressão.* Belo Horizonte: Fórum, 2017. 456 p.

PARISIER, Eli. *O filtro invisível.* O que a internet está escondendo de você. Zahar, 2012, *e-book.*

PECCININ, Luiz Eduardo. *O discurso religioso na polícia brasileira:* democracia e liberdade religiosa no Estado laico. Belo Horizonte: Fórum, 2018,184 p.

PINHEIRO, Maria Claudia Bucchianieri. Liberdade religiosa, separação Estado-Igreja e o limite da influência dos movimentos religiosos na adoção de políticas públicas: Aborto, contraceptivos, células-troncos e casamento homossexual. In: *Revista de informações legislativas.* Ano 45. n. 180. out./dez. 2008. Brasília: Senado Federal, 2008.

RAIS, Diogo. *Fake news e eleições,* em: Fake News. A Conexão entre a desinformação e o Direito. 2. ed. São Paulo: Revista dos Tribunais, 2020.

RAIS, Diogo; FALCÃO, Daniel; Giacchetta, André Zonaro; MENEGUETTI, Pamela. *Direito eleitoral digital.* São Paulo: Thomson Reuters Brasil, 2018.

RIBEIRO, Fávila. *Abuso de poder no direito eleitoral.* Rio de Janeiro: Forense, 1998.

ROLLEMBERG, Gabriela; KUFA, Karina e NETO, Tarcisio Vieira de Carvalho (Org.). *Tópicos avançados de direito processual eleitoral.* Belo Horizonte: Arraes, 2018. 533 p.

SANTOS, Andréia. O impacto do *big data* e dos algoritmos nas campanhas eleitorais. Disponível em: *https://itsrio.org/wp-content/uploads/2017/03/Andreia-Santos-V-revisado.pdf. Acesso em: 01 fev. 2019.*

SARMENTO, Daniel; OSÓRIO, Aline. *Uma mistura tóxica:* política, dinheiro e o financiamento das eleições, 2014. Disponível em: http://www.migalhas.com.br/arquivos/2014/1/art20140130-01.pdf. Acesso em: 05 abr. 2018.

SILVEIRA, Marilda de Paula. As novas tecnologias no processo eleitoral: existe um dever do estado de combate à desinformação na eleição? In: ABBOUD, Georges; NERY JUNIOR, Nelson; CAMPOS, Ricardo (org.). *Fake news e regulação*. São Paulo: Revista dos Tribunais. 2. ed. 2020.

SOUZA, Carlos Affonso e TEFFÉ, Chiara Spadaccini. Fake news e eleições: identificando e combatendo a desordem informacional. *In*: ABBOUD, Georges; NERY JUNIOR, Nelson; CAMPOS, Ricardo (org.). *Fake news e regulação*. São Paulo: Revista dos Tribunais. 2. ed. 2020.

TARTUCE, Flávio. *Manual de direito civil*. Volume único. 7. ed. Rio de Janeiro: Forense, 2017.

Esta obra foi composta em fonte Palatino Linotype, corpo 10
e impressa em papel Polen Soft 80g (miolo) e Supremo 250g (capa)
pela Gráfica Formato, em Belo Horizonte/MG.